mark

這個系列標記的是一些人、一些事件與活動。

mark 96

在海角天涯
相遇
Special Friends in Alaska

作者：林心雅・李文堯 （Hsin-ya Lin & Wen-yao Li）
責任編輯：李濰美
內頁、封面設計：周家瑤
文字校對：林心雅・李文堯・李昧

法律顧問：全理法律事務所董安丹律師
出 版 者：大塊文化出版股份有限公司
地址：台北市105南京東路四段25號11樓
網址：www.locuspublishing.com
讀者服務專線：0800-006689
TEL：（02）87123898　FAX：（02）87123897
郵撥帳號：18955675　　戶名：大塊文化出版股份有限公司

總經銷：大和書報圖書股份有限公司
地址：新北市新莊區五股工業區五工五路2號
TEL：（02）89902588（代表號）　FAX：（02）22901658

初版一刷：2013年4月
ISBN 978-986-213-430-6
定　價：新台幣 350元
Printed in Taiwan

在海角天涯
相遇

Special Friends in Alaska

林心雅・李文堯 文&攝影

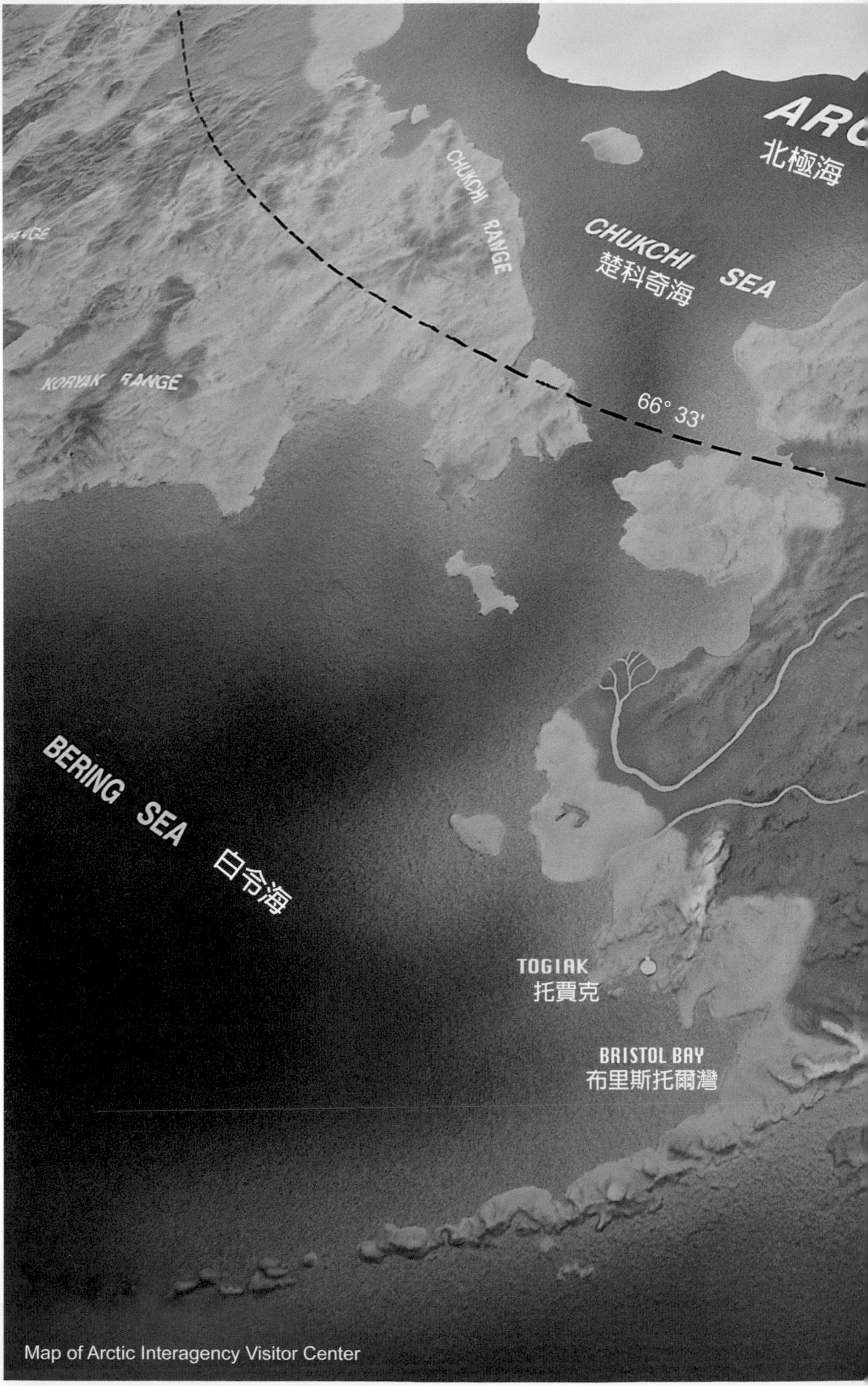

ARC
北極海

CHUKCHI
RANGE

CHUKCHI SEA
楚科奇海

RANGE

KORYAK RANGE

66° 33'

BERING SEA 白令海

TOGIAK
托賈克

BRISTOL BAY
布里斯托爾灣

Map of Arctic Interagency Visitor Center

OCEAN

BEAUFORT SEA

~VILLE RIVER

DEADHORSE
死馬鎮

~OOKS ~RANGE
布魯克斯山脈

RICHARDSON MTNS

GREAT BEAR LAKE

~DFOOT 冰腳鎮

育空河
RIVER

~M RIVER

FAIRBANKS 費爾班克斯

MACKENZIE

MT. MCKINLEY 麥肯里峰

AHCHORAGE
安哥拉治

MTNS

HOMER
荷碼

朱諾

JUNEAU

There is one spectacle grander than the sea,
比海洋更寬闊的，

that is the sky;
是天空；

there is one spectacle grander than the sky,
比天空更寬闊的，

that is the interior of the soul.
是人的心靈。

—— Victor Hugo 雨果

010 推薦序／久別重逢的相遇——李偉文
012 前言／平凡中的不平凡

Chapter 1：傳說中的神鵰俠女——珍・金恩

018 看板溫度，華氏12度
019 呼呼風寒效應，降至零下35度
027 不像80歲的80歲俠女
031 用廣角鏡就能拍特寫
039 餵鷹三十年如一日
043 由兩隻，增至兩百不止
048 保育爭議—是否該餵「肉食動物」？
055 伴隨心愛的鷹，翱翔天堂

Chapter 2：我可愛的海象們——無人島的經理

062 遙遠的無人島
065 保羅船長與母親大人
068 駐守員是「她」而非「他」
072 長逾一小時的解說課
076 巨無霸島主的象牙
080 聽！如風鈴般的歌聲
083 今天的海象有幾隻？
090 卿卿我我的海雀
092 機靈狐狸愛偷蛋
097 仰之彌高的「橫斷步道」
101 真情流露的圓島日誌
104 尊重我們的大地

Chapter 3：北美最高峰—露絲冰河的故事

112 星野道夫的一段話
114 真誠樸實的愛山人
116 飛向露絲冰河
121 穿過大山峽
126 六角山屋，五面大窗
129 華氏零下20度，守候極光

132 僻地飛行員「唐・歇爾頓」
136 極地冰川登陸專家
140 麥肯里峰「最高海拔機場」
145 與宇宙對話的不可思議空間

Chapter 4：直到路的盡頭——親愛的小公主

154 穿越北極圈66°33'
157 跨州油管，世紀工程
161 送你一束小野花
165 蚊群大作戰
167 尋找麝香牛
171 路的盡頭——死馬鎮
176 卡嗒卡嗒鹿蹄聲
179 謝謝親愛的小公主
186 七歲小女孩對油管的認知

Chapter 5：極光之城——費爾班克斯

192 與蓋瑞的千里奇緣
196 蘇是他們老鄰居
201 好友的故友—— Michio Hoshino
205 愛心早餐和冰雕世界
208 樹梢上的極光

212 後記／心中留下的足跡
215 附錄／參考文獻・相關資訊

久別重逢的相遇

—— 李偉文

　　阿拉斯加被稱為地球最後的邊境，看著林心雅與李文堯賢伉儷在這極境荒野裡的紀錄，不禁想起哲學家唐君毅所寫的一句話：「在遙遠的地方，一切虔誠終必相遇。」

　　是的，不管是遙遠如阿拉斯加或者近如住家附近，皆必須懷抱著虔誠之心，才能遇見來自我們生命中的渴望。

　　其實說這本搭配許多精彩圖片的書是他們的觀察紀錄或許會誤導大家，以為這是嚴肅枯燥的自然圖鑑，其實書裡五段旅程除了帶給我們許多鮮為人知又有趣的生態知識之外，每趟歷險也都是與一個精彩生命相遇的過程，不管是在極地餵了三十年白頭海鵰的神鵰俠女珍・金恩，還是在露絲冰河蓋山屋的飛行員歇爾頓等人，一個個都是不同的生命典範。

　　春節過年期間，我翻閱著電腦列印出來的書稿，讀中學的雙胞胎女兒AB寶看我不時露出會心微笑的樣子，忍不住好奇湊過來瞧我到底在看什麼？我把已看完的部份拿給她們，也找出了心雅之前出版的《來自大海的朋友——象鼻海豹》這本書。

　　AB寶一邊翻看，一邊羨慕的問：「哇！他們怎麼這麼好，可以到那麼多地方去探險？」

　　我放下書稿，專心地跟她們討論：「這不是能不能夠，而是願不願意的問

題，假如你真心渴望做一件事，只要有足夠的熱情，那麼其他所需的條件都是可以克服的。」

　　我接著舉了心雅、文堯在書中所提到他們所遇到的人，另外我也想到我最喜歡的自然作家黛安‧艾克曼在《稀世之珍》這本書中寫到的，她在拜訪短尾信天翁途中遇到的一對夫妻，先生是建築師，太太在金融業，每天規律的生活，可是有一天忽然對自己說：「等我六十歲時，我將回首前塵，自問這一生做了什麼。沒錯，我有一份工作，有一些財產，但是我到底做了什麼？」想到這，他們夫妻倆就放棄一切，變賣房子，買了露營車，開始環遊世界，走訪全世界的海鳥棲地，打算為世界留下有關海鳥的紀錄。

　　聽到這兒，AB寶安靜下來，若有所思的繼續翻閱我拿給她們看的書稿。我希望透過心雅、文堯與這些人，以及白頭海鷗、麝香牛、馴鹿、海象、海獅、海鳥、極光、冰河相遇的故事，能夠在她們心中埋下一顆將來會發芽、成長、茁壯的種子。

　　總覺得在這麼浩瀚的宇宙，這麼漫長的時間當中，能在這一剎那時空交會裡與我們相遇的一切事物，都是非常不可思議的，都必須累積多少緣份才能成就此等機遇，所以這世間所有的相遇，都是久別重逢啊！

平凡中的不平凡

　　日前看到一則報導，有位男士在1998年花十萬美元買下一架報廢727客機，並花了更多積蓄於後續作業，才把飛機搬到他購置的林間空地。從此他日日夜夜心心念念的，便是如何讓這架飛機成為一個舒適的家。至今十餘年為「飛機之家」投注無數心力，他要證明，那不是夢，而是可達成的人生理想。

　　這故事主角，是已逾耳順之年的布魯斯・坎貝爾(Bruce Campbell)。別人買飛機不惜砸金大幅翻修，布魯斯不一樣，他凡事親力親為，就地取材物盡其用。身為環境工程師的他，從解決最基本水電問題開始，修復洗手間，裝置淋浴設施，並將機艙地板換成透明板，讓駕駛艙到機翼機尾所有的管控電纜一覽無遺。艙尾是廚房和工作台，一張摺疊床是他安枕之處，機翼是天然陽台。家裡沒電視但有電腦，他設立網站以集思廣益，並說自己不愛奢華：「奢侈是乏味的……對我來說，探索和冒險更刺激，讓我更快樂。」他生活簡單，麵包配柳橙汁就是一餐。與古代顏回「一簞食，一瓢飲」對照，現代布魯斯是「一土司，一橙汁，在狹艙，人不堪其簡，布也不改其志」。

　　布魯斯沒有一天停止過對飛機之家的改造。雖然生命時鐘滴答作響，現實的困難也常讓人力不從心，罹癌病癒的布魯斯說他跟隨自己的內心，追尋幸福和夢想的勇氣，從未改變。

這般「一股腦的傻勁」，或讓人感到匪夷所思。然而這樣執著認真「一心過著自己想過的生活」，世上卻不乏其人，台灣最經典人物是一生賣菜捐獻行善的陳樹菊阿嬤。

　　我還想到那些在阿拉斯加的朋友們：在寒冬零下低溫、餵鷹三十年的珍；風雨無阻、每天都認真數海象的史黛芬妮和海蒂；冒著粉身碎骨的危險捨命救人的傳奇人物唐·歇爾頓；為費爾班克斯的乾淨空氣，上街頭蒐集「反空污連署」出錢出力的蓋瑞和錫薇亞；在市郊養雞種菜的蘇珊；此外還有星野道夫，在冰天雪地中「徒步」尋找麋鹿（這種傻事我們和蓋瑞也做過），因揹扛沉重攝影器材和露營裝備而無法多帶糧食，說他主食是「米、醬油和柴魚片，再來一杯熱咖啡就很滿足了。」

　　這些，不都靠著「一股腦的傻勁」？

　　其實單就生活在阿拉斯加，這「居住選擇」本身已不尋常。那般高緯度區，絕非想像中的四季明媚之地，尤其靠近北極圈的費爾班克斯，只能用「極端」來形容當地副極地氣候：夏季最熱可飆到攝氏34度，冬季可降至攝氏零下51度；夏天日照超過21小時，但冬天日照不過4小時。「太陽在地平線上畫個弧形，很快便落下去⋯⋯。最痛苦的不是寒冷，而是沒有陽光。」星野道夫描述道。

住苦寒之地，還要度過那麼黑暗的冬季，或有人認為那不只是傻，簡直在跟自己過不去！

但你可曾想到，在漆黑的冬夜，當他們不經意抬起頭來，就可能看到奇幻絢爛的極光？

牙醫作家李偉文曾在〈都市荒野與心靈〉一文提到：「我們選擇居住的空間不只代表我們的審美觀，其實還隱含了我們對於某種生活方式的偏好，也傳遞我們心目中對於美好人生的想像……」。不僅布魯斯，本書主角們的居住選擇，未嘗不是他們呈現「理想中的獨特自我」的一種方式？因為唯有住在那樣的環境，有那樣的人生舞台，才能讓他們發揮所長並得以展現獨特。

說真心話，這般特立獨行，「單純而有夢想」的人，是很值得尊敬的。

梭羅便曾說過：「如果人懷著信心向著他夢想方向前進，努力過他所想像的生活，他便能在一般的日子裡獲得始料所不及的成功。他會放棄某些東西，會超越一種肉眼所不及的界限；…而他也就能在更高層次的境界中生活。他的生活愈形簡單，則宇宙的法則也相對的愈形簡單，因而寂寞不再是寂寞……」

日本作家塩見直紀在其著作《半農半X的生活》也鼓勵人們順從自然，實踐天賦，過自己「喜歡的事＋擅長的事＋認為重要的事」的生活。以布魯斯

為例，繞了一大圈，真正想說的是，本書的主角們其實都是「築夢人」，他們的共通點，除了無懼於阿拉斯加極端的氣候環境，生活樸實不重物質，並隨著內心的鼓聲，追尋自己喜歡的生活方式，認真執著地做自己覺得有意義的事。

在人生不同的階段，我們都會有不同的夢想。夢想可大可小，也從不嫌晚。如能因而活出自我，過得歡喜充實，那麼，又何必在意別人不解的眼光呢？

也唯有以一種自覺的努力，提升生命無可置疑的能力，激發無可限量的潛力，才得以凸顯平凡中的不平凡。

這本阿拉斯加第三部曲，雖有很多動植物的寫真，內容卻偏重於人的故事。而「朋友」則是廣義的，不僅包括在那海角天涯相遇的人，也意涵與極區大自然生態的親密接觸，以及間接的、超越時空的心靈連結。

這些朋友們都自認平凡。但對我而言，他們創造了獨特，活出了精采，也為這世界增添了不平凡的美麗色彩。

午後白頭海鵰們仍群聚在珍家附近。

Chapter **1** The Eagle Lady – Jean Keene
傳說中的神鵰俠女——
珍・金恩

看板溫度，華氏12度

那原本只是一則來自北國寒冬的遙遠傳說。

何其有幸，在短暫的人生旅途中，得以與傳說中的主角相遇。大家都習慣稱她"Eagle Lady"，然而在我心目中，她是一位名符其實的「神鵰俠女」。

"Eagle Lady"本名珍・金恩（Jean Keene）。她生前住在阿拉斯加的崎奈半島（Kenai Peninsula）。我們在九〇年代中期就曾聽好友蓋瑞提過她，也從美國國家地理雜誌和其他刊物看過關於珍的報導——她與白頭海鵰（Bald Eagle）的「半生緣」，在阿拉斯加甚至全世界野生動物攝影界，堪稱家喻戶曉。

可能因為她有名，便覺得遙不可及。蓋瑞在阿拉斯加住了三十幾年，和珍是長年好友。2003年秋天，他來函提及珍剛過七十九歲生日，接下來若身體狀況不佳，說不定就無法繼續餵鷹了。如果我們想認識這位Eagle Lady，要快，要把握機會。

因此，當2004年1月隆冬，我們千里迢迢慕名而至，首次見到神鵰俠女時，她已經八十歲了！

第一次見面，印象總是最深刻的。那年阿拉斯加的冬天似乎特別冷。清晨七點多，仍是黎明前的黑暗。我們從機場租車往西南開，目標是崎奈半島西端小鎮荷碼（Homer），單程逾350公里——台灣南北長不過396公里。

離開市區途中，看到路邊一塊高高的溫度標示板亮著 "12℉"，幕夜中的鮮黃數字顯得特別醒目。「天啊，溫度只有華氏12度，不就等於才攝氏零下10度嗎？」我指著看板說：「那緊鄰海邊的荷碼，豈不更冷了?!」

文堯點點頭沒接話，因為路面積雪，天又黑，他全神貫注盯著方向盤前面。

寒冬一月，這裡九點多才日出。天色微明，漸漸亮開，但見沿途光禿禿的

往荷碼沿途枯枝銀裝素裹，是美麗的白，也是危險的白。

棉白楊樹，枯枝銀裝素裹，潔淨雪白。依山傍海，蜿蜒而行。觸目是美麗的白，也是危險的白。即使租來的四輪傳動車配有雪胎，我們一路仍小心翼翼，怕在雪地上打滑。翻山越嶺，足足開了七個多鐘頭，終於在午後將近三點——天黑之前安全抵達荷碼小鎮。

依然是冰封大地的景色。而「俠女」的家，還要繼續往西開，在小鎮最西邊的荷碼沙嘴（Homer Spit）最盡頭，一塊緊鄰海邊的營地中。沙嘴地形蠻特別的，細細長長向西伸入卡徹馬克海灣（Kachemak Bay），因沙嘴道路長達7公里，還被封為「全世界伸入海洋的最長道路」（the longest road into ocean waters in the entire world）。

沙嘴路面一層薄雪。天色陰霾，看不到長路盡頭。卻見右邊大海呼應狂嘯北風，浪濤洶湧澎湃；左側大海因受沙嘴環抱地形保護，略微平靜些。深淺濃淡不一的灰藍色調，詭譎地劃滿天地間。兩側遼闊大海，自己彷彿走在被海聲海濤包圍的、另一個與世隔絕的世界。

呼呼風寒效應，降至零下35度

走到了沙嘴盡頭，果然看到海邊有塊空曠營區。那時珍的家仍是一輛RV（Recreational Vehicle的簡寫，即大型旅行拖車），車身鏽蝕雜斑說不上破舊，卻顯得陳舊，似乎歷盡滄桑。RV周圍用及肩的木柵圍起，豎了一塊牌子漆著 "The Eagle Spot"。

隆冬大雪低溫，荷碼沙嘴沿岸的海面結起一層浮冰。

　　沒錯，就這裡了。環顧四周，發現附近雪地上、木樁、RV頂、甚至電線桿上站了好幾隻白頭海鵰。一動不動地，為了保存體力吧，銳利鷹眼直盯著我們，一副不怕人的模樣。

　　我們當天只先勘查，先找到住處，沒見到珍本人。但從這般居住環境，就不得不對她印象深刻了。一位八十歲老婦人，住旅行拖車，在這偏僻的海邊營地一待將近三十年──這般幾近孤絕的遺世獨立，令人感到匪夷所思。

　　聽蓋瑞說，珍冬天餵食白頭海鵰，通常從早上九點多餵到近午時分。翌日和蓋瑞約好在珍的RV門口碰頭，重頭戲才開始。

左＿ 從荷碼高處俯瞰，沙嘴長 7 公里，伸入卡徹馬克海灣。
右＿ 荷碼的漁港，小鎮主要經濟活動是捕魚和漁產加工業。

　　臨海的荷碼小鎮，果然比安哥拉治還冷。下了一夜雪，翌日早晨雪已停歇，卻吹起強勁北風，瘋了似地呼呼狂吼。我和文堯從頭到腳「全副武裝」，從毛帽、毛衣、羽毛衣、絨毛褲、兩層毛襪、兩層厚手套，再加上Gore Tex防雨擋風外套和雨褲，還穿上特地購買的中筒雪靴，全身裹得密不透風。心想，這樣應該萬無一失了吧！

　　來到珍的住處，聽車外狂風怒吼，不想出去挨寒受凍，就暫且躲在車裡吹暖氣，直到蓋瑞駕車抵達，才鼓起勇氣奮力打開車門。一離開車子，馬上像走進了冰凍庫，而且凍庫裡還颮著超級強風！

因為置身沙嘴尖端，地形缺乏屏障，原本溫度已經低到不行，加上風寒效應，冰凍得無以復加。風如針刺，刺骨的寒。呼嘯寒風，到底有多強呢？我用力推開了車門，一不留神，厚重車門還險些被強風「砰」地自動闔上。

那麼壞的風雪天，即使走出車外，都需要相當勇氣。我開始懷疑自己穿得不夠。拿起笨重的相機裝備，那導寒能力特高的碳纖維腳架，凍得有如冰棍，一股寒氣透過兩層手套傳進掌心。真的好冷啊！氣溫已不知降至華氏零下幾度了？阿拉斯加的寒冬，到底能有多冷，直到那次才真正見識到。

這輩子從未到過這麼冷的地方。當晚看了氣象報導才知，加上風寒效應，那天溫度相當於華氏零下35度！

左 _ 珍的住處旁立著一塊「請留在車內以免打擾鷹」的牌示。
右 _ 白頭海鵰捕魚之際，會暫時棲息浮冰上伺機而動。

Chapter 1
傳說中的神鵰俠女──珍・金恩

珍每天餵鷹都是同樣打扮，和鷹一樣穿著棕色外套。

不像80歲的80歲俠女

「這麼壞的天氣……這麼冷……難道珍……她還要餵鷹嗎……？」見蓋瑞走近，我忍不住問。聲音還有點兒發抖。

「壞天氣，當然就更要餵了啊！不然呢？」久住阿拉斯加的蓋瑞笑著回答，那若無其事的表情，好像我真是多此一問。

我把整個臉用圍巾蒙起來，頂著強風，縮著脖子，拉緊外套，來到珍的前門。發覺院前雪深及膝，因前晚下了整夜的雪，柵門被積雪堵住，無法打開。蓋瑞司空見慣，順手拿起柵門邊一把鐵剷，先剷清「門前雪」，把柵門開了些縫，再剷除「門後雪」。文堯和我見賢思齊，也拿起鐵鏟幫忙剷雪，順便熱身取暖。約十餘分鐘後，總算順利推開柵門。

走進積雪的院子，蓋瑞要我們先選個地方把相機腳架搭好。接著去敲珍RV的門，正式幫我們引見。

珍應聲開了門，那是我第一次見到珍。她有著一頭捲曲蓬鬆的褐紅頭髮，帶著大大鏡框的古式眼鏡，上些淡粧，塗了口紅，顯然在會客前曾細心打理自己。臉上細細皺紋掩不住歲月滄桑，瘦削微駝的身軀，但她精神很好，怎麼看，都只像一位六十幾歲的婦人。

「噢，你們來了，我馬上就好。」她看了看蓋瑞身旁的文堯和我，點頭微笑說：「很高興認識你們……」然後抬頭看了看陰霾的天，又說道：「今天風很大，衣服要多穿些，會很冷喔……」

原來這就是久仰的珍，一點都不像我所見過的、任何一位年逾八十的老人家。還這麼親切和藹，一點架子都沒有。

「這兩個勤勞的年輕人已幫我把柵門的積雪清除了，還有什麼需要幫忙麼？」蓋瑞貼心地問珍，不忘隨口稱讚我們兩句。聽他把我們說成「年輕人」，真是不好意思。

「謝謝你們哦……，可否幫我把魚裝到那個大圓桶，然後拖到前面。」

大雪過後，珍院前積雪的礫石灘上聚集了好多白頭海鵰。

北風強盛，無數逆風而行的白頭鷹定在空中，場面壯觀。

蓋瑞按珍的指示，把好多魚裝進一只大塑膠桶內，再把桶子推到前院一塊平台旁，那是珍每天固定餵鷹的位置。平台前面有一道矮牆，矮牆前是礫石灘和一望無際的大海。在我們左方，可見卡徹馬克海灣對岸高山。天晴時，這兒山水肯定很美。

「哇，一次要準備這麼多魚喔?!」我探頭瞄一下那只大桶子，睜大眼睛問。

「是啊，一隻白頭鷹每天大概要吃兩磅魚，珍每天餵超過兩百頭鷹，所以一天至少要準備四百多磅的魚。」蓋瑞屈指算了一下。

風呼嘯著，浪翻滾著。儘管天氣惡劣，卻有愈來愈多的白頭海鵰向珍的住處飛來，邊振翅邊引頸吭叫，似乎在宣告自己的現身，也要分一杯羹共襄盛舉。曾幾何時，我們四周已聚集好多白頭海鵰，礫石海灘上、枝幹上、柵欄上、RV屋頂、還有海面和天空中，鷹不斷朝我們這方向飛。景象之壯觀，令人瞠目結舌。

大概看我一副很冷的樣子，蓋瑞從外套口袋取出一包東西說：「把這拿著備用吧。」原來是禦寒的暖暖袋。我連聲道謝，把暖暖袋拆封，塞入手套握在掌心中，果然溫暖多了。

用廣角鏡就能拍特寫

一切準備就緒，珍走出RV，套著一件深褐色厚外套，不疾不徐地走到院前的固定位置。戴起工作手套，彎腰拿起桶裡的魚，放在木板台上，拿一把尖銳的刀把魚切段，擲出。若魚小，就不切，整尾甩出。擲魚方向前後左右不定，就看哪邊鷹較多。每次一擲出，鷹兒總一陣騷動，振翅「蜂擁」而上。

白頭海鵰展翼逾兩公尺，獵食的專注神情，令人動容。

上_珍向上擲出魚，白頭海鵰伸出銳爪，總能精確抓住。

下_來珍家的白頭海鵰並不怕人，拿到魚就從頭頂呼嘯而過。

有些鷹很厲害，身在半空中，一伸爪，就把魚憑空攔截，精準無比。也有互相搶魚的，兇猛爭執拉扯不下，看誰霸道誰就贏。有些很大膽，就站在珍的切魚平台旁，虎視眈眈。一抓到魚，展翅一揮，旁邊的我嚇一大跳，差點兒就被鷹翼給掃到臉。還好反應夠快，及時退後半步。

珍在切魚餵鷹時，神情很專注，像是在進行某種莊嚴的儀式。瘦削微僂的身影，幾乎不太說話。餵一陣子，會稍事休息，抬頭看看前後左右數不清的鷹兒們。似乎在辨認來者，又好像在回想什麼，臉上的表情欣慰而安詳。

風繼續怒吼著。生平頭一次見到這麼多的白頭海鵰，這麼漂亮的猛禽就在面前咫尺，近到用廣角鏡頭就能拍到很大一隻。有些距離太近，還得退後一兩步，否則還會爆框。比起在海恩斯（Haines）白頭海鵰保護區，用大砲鏡頭都不易拍到，珍的院子真是太不可思議了！

拜強風之賜，鷹兒展翅降落之際，被風吹著，好像定在空中。那年我們仍用35釐米幻燈片拍攝，光圈總要開到最大才能捕捉飛翔速度超快的鷹，強風不啻為有利的加分條件。

我們和蓋瑞並肩站著，拼命按快門，忘情地欣賞、拍攝美麗的鷹兒。在風雪中站了兩個多鐘頭，漸漸感到颼颼寒風，由原先的「針刺」，變成「利刃」般，穿透厚厚手套。掌心的暖暖包顯然不管用了。手指猶如被刀尖不停戳刺，凍得隱隱作痛，而且愈來愈不聽使喚，有時遲鈍的，連快門都按不下去。

可我實在捨不得離開這麼令人心悸、群鷹聚集的地方。何況連八十歲的老人家都挺得住，我若半途離開，自個兒回車裡取暖，未免太丟臉了。

那些展翅飛翔的白頭海鵰，在狂風呼嘯的嚴寒環境中，難道都不覺得冷嗎？

只見牠們不畏強風，展開逾兩公尺雙翼，姿態優雅地，在空中自在翱翔。一瞥見獵物，轉瞬間，疾速俯衝而下。那驚人爆發力，充滿力與美的生動畫面，真是令人著迷。而且進退拿捏得宜，力道收放自如。不論食物到手與否，總能及時側身翻轉，輕盈如一片風箏，繼續瀟灑飛揚，御風而行。

這些北風孕育的子民，是從小受過大地之母嚴謹訓練的最佳飛行員，懂得如何利用風勢，在風雪交加的逆境中，從容迴旋應變。輕而易舉而精確地，擷取獵物以溫飽，以成長，以茁壯生存。

左 _ 在珍前院可用廣角鏡頭拍白頭海鵰特寫，有時還爆框。
右 _ 白頭海鵰會為了搶奪較好的位置而互相推擠。

荷碼沙嘴南邊隔著卡徹馬克海灣，對岸是崎奈半島的山。

朋友送來一堆魚，蓋瑞拿著「斧頭」幫珍分砍冰凍的魚。

餵鷹三十年如一日

「我們愈常接近自然就愈好。我們必須不斷地重溫那大地的無限生機、巨大景色，不斷地走向帶著沉船遺跡的海岸，帶著活樹與枯木的荒原，走向雷聲隆隆的烏雲，和連綿不斷積水成溪的暴雨。我們需要親眼看我們自身能力的極限已被超越，因為有些生命能在我們不曾到過的地方，自由自在的覓食。」

梭羅這段話，尤其是最後三句，總讓我想起風雪中的白頭海鵰，牠們那股不畏風寒、堅毅強韌的生命力，令人打從心底佩服。

其實值得敬佩的，不只白頭海鵰們，還有珍。

因為不管氣候再惡劣，珍這麼多年來始終持之以恆。想想，從12月一直到翌年4月初，在北國漫長寒冬中，每天要準備四、五百磅一大桶硬梆梆的魚，頂著寒風，用力切魚，用力擲出，重複同樣動作，無數次，持續兩三個鐘頭，三十年如一日，餵鷹從沒間斷過。那需要多大的毅力和恆心啊！

若換作我，實地操練一次，說不定就手酸肩膀疼，何況還那麼冷。可是珍卻甘之如飴，更遑論她還是年逾八十、患有關節炎的老者，光這點就讓人望塵莫及。

我在自家後院也餵野鳥，迄今十幾年了。在冬季食物缺乏時，常放上七、

左 _ 被砍好的魚解凍後，珍還會切成更小塊，再拿去餵鷹。
右 _ 一箱箱冷凍鯡魚 (Herring) 放在珍的「保溫箱」解凍。

風大，白浪翻滾，白頭海鵰仍試圖捕捉海中的魚。

八個餵食器，因此我能理解，餵鳥並非輕鬆的工作：需每天清理、每天補水補充食物，還得常去店裡買回一袋袋沉重的鳥食。也不等於養寵物，因野鳥可自由飛來飛去，牠們只是路過駐足，不會永久停留。

甘願做歡喜受，習慣了，也就不覺得累。但有時寒流來襲，戶外實在太冷，我就會給自己找個藉口，偶爾偷懶一下沒關係吧，等天氣好些，再出去弄鳥食。

可是，珍從來不曾偷懶。聽她說，過去近三十年，餵鷹的習慣從未間斷。1985年珍發生車禍，即使必須拄著拐杖，她仍沒辜負每天早晨按時出現的那些白頭海鵰們的期待。只有一次沒法餵——1994年她因罹患乳癌，須做乳房切除手術而不得不住院三天，但她仍請朋友幫忙餵，且出院後立刻親自餵鷹。

對我而言，這般的堅持實在有些不可思議。很難想像一位古稀之年的老阿嬤，在阿拉斯加的嚴冬，每天早晨在戶外零下n度的風雪中，準備數百磅冰凍的魚，忍受關節炎的不適，按時餵食白頭海鵰。數十年如一日。

我更無法想像，自己如果能夠活到八十歲，還有那般的體力餵鳥！

珍也並非交差了事，她都慢慢餵，似乎很享受早晨和鷹兒相處的時光。通常會花上兩三個鐘頭，到中午才餵完。

珍曾揭開RV車旁一個大型保溫箱給我們看，裡面放滿了魚。為何要「保溫」呢？因為戶外氣溫很低，如同天然冷凍庫，生鮮的魚放在冰天雪地中，沒多久也會「自動結冰」。

因此等珍餵完了，到了下午，我們常當小囉嘍幫忙打雜，陪蓋瑞「砍」魚準備隔天的魚。有些魚很大尾，凍得像冰塊，用刀子根本無法切，只能用斧頭劈砍，才能分段成塊。然後再把魚放進保溫箱「解凍」。等珍要餵鷹時，才能用小刀切魚，平均分配餵食更多的鷹。

由兩隻，增至兩百不止

因深受感動，獲益良多，覺得無論如何也要表示一下心意。我們便私下問蓋瑞：「需不需要送些什麼，對珍表示謝意？」

「其實你們不需要送什麼。但如果送珍東西，她一定會很高興的……」

「那你有送她東西嗎？」我接著問。

「有，每次都會送。」蓋瑞點點頭。

「送什麼呢？」我繼續追問。

蓋瑞坦白說：「通常我就寫張支票，因為那是最簡單直接也是最實惠的禮物。」因為珍自從退休後，就無法再從魚廠蒐集那麼多魚骸，必須靠魚廠朋友、保育團體和其他有心人士的贊助，才能維持冬季每日幾百磅魚的餵鷹活動。有時她還用退休金，掏腰包買魚來餵。

原先顧慮老美沒有紅包文化，送錢似乎不太禮貌，原來珍並不介意。我們還買了一盒心形巧克力，附上一張謝卡。當我們把支票親手交給珍時，她誠心地說：「謝謝你們，我可以用這些錢去幫鷹兒們買更多的魚了。」

難怪珍在2004滿八十歲那年，榮獲美國白頭海鵰基金會頒贈「終身榮譽獎」(Lifetime Meritorious Service Award)。那年11月，珍的粉絲辛蒂・科赫(Cindy Koch)還募款贈送她一棟小木屋，取代原有的陳舊RV。

那之後我們便成了常客。2006年在珍的院裡認識凱立・安德森(Cary Anderson)，他在2003年幫珍立傳，書名就叫《The Eagle Lady》，讓大家對珍謎樣的身世有了更多的了解。

白頭海鵰特寫，兩眼炯炯有神，具王者氣度。

原來珍於1923年生於美國中西部。年輕時因騎馬技術高超，曾當過牛仔特技員，後來不慎摔斷腿，改行營生。她在1970年代初首次造訪阿拉斯加，就深深愛上這個地方。1977年決定遷居北上，當時早已和先生離異，兒子也獨立成人。她駕著RV從明尼蘇達州一路向北開到荷碼，把RV停在這沙嘴營地，從此再也沒離開過。

是的，就定居於海邊營地，獨自一人，逾三十年。她帶著全部家當，整個家就裝在一輛旅行拖車裡。如一艘帆船，在人生大海隨波漂流，最後選擇在這風景壯闊卻舉目無親之地，終身停泊。

珍最初在荷碼沙嘴一家漁工廠工作。會開始餵鷹，是因為珍注意到有一對白頭海鵰經常出現在她的RV附近，趁職務之便，拿些魚骸餵食牠們。工廠處理漁獲之後，會剩下很多頭尾殘缺不全的魚骸，被當成垃圾丟棄。珍覺得那些魚骸對鷹兒來說，都是難得的食物，尤其在漫長冬日，棄之可惜，便向工廠申請許可，讓她能搜集全部魚骸，帶回家做為白頭海鵰的早餐。

當時雖然年逾五十五，珍的身體仍十分強壯，能將數百磅魚骸放進大塑膠桶內，獨立操作起重機將大桶子搬上她的小貨車，再載回家。那時她處理冰凍的魚，除了用斧頭砍，還用上電鋸和焊槍，甚至乾脆將裝滿魚骸的垃圾桶，整個拖進她的RV裡讓

左 _ 珍剛開始餵鷹,是因有兩隻白頭海鵰常出現住處附近。

右 _ 白頭海鵰聚在珍家海邊礫石灘,密度之高,世上無出其右。

Chapter 1
傳說中的神鵰俠女──珍・金恩

暖氣「解凍」。「我不知道還有誰會願意這麼做，」珍在1986年告訴一位記者：「我的旅行拖車，聞起來就像魚，我的院子也是，我的卡車也是，連我自己都是。有時那會令人作嘔。」

這樣日復一日，不到十年，珍餵食的白頭海鵰便從原先兩隻，漸漸增至兩百多隻。每年從12月1日到4月初，她每天要餵上四、五百磅——超過兩百公斤的魚。整個冬季下來，總共要餵上五萬磅，數量相當驚人。

珍家原是一輛 RV，2004 年粉絲募款送珍一棟移動式木屋。

從住營區和搜集魚骸，便可看出珍生活儉省而惜物的一面。記得有一次蓋瑞請珍吃晚餐，我們作陪。吃完麵包、沙拉、濃湯，來了主菜牛排。珍說她已經很飽，吃不下了，請侍者將餐盤那原封不動的一大塊牛排和飯後甜點打包，說要帶回家留著明天慢慢享用。今日看來，每餐七分飽是時下風行的養生之道，或許這就是為何珍到八十歲身子依然硬朗，不但不畏風寒，還有力氣做粗活。

保育爭議——是否該餵「肉食動物」？

白頭海鵰平均壽命15到20歲，而珍餵了三十年。我不禁猜想，有些白頭海鵰一輩子都會來珍的避難所過冬吧！食物來源穩定，說不定鷹父母還會帶新生兒一起來。若不小心受傷或生病，珍一見情況不對，還會立刻放下一切，把鷹兒載到當地獸醫院診治呢。

左 _ 白頭海鵰在荷碼的海邊試圖捕魚，姿勢極美。
右 _ 珍除了餵鷹也餵小鳥，小鳥常停在珍屋頂天線上。

珍所以名聞遐邇，因為她長年餵鷹的故事曾出現於美國讀者文摘、國家地理雜誌、華盛頓郵報、人物雜誌（*People Magazine*）、生活雜誌（*Life Magazine*）、還有「雷普利的信不信由你！」（Ripley's Believe It or Not!）等諸多有名的大眾傳媒上。

　　但有些保育人士卻抱持不同看法，認為珍不該餵食白頭海鵰，因為鷹是猛禽類，是食物鏈頂層的「肉食掠奪者」。讓牠們如此聚集又習慣人類餵養，長久下來反而對牠們有害，也破壞自然界的生態平衡。

　　拉爾夫・柏羅士斯（Ralph Broshes）在荷碼小鎮做了三十年獸醫，便說當地居民養的寵物常被白頭海鵰當成小兔子抓去吃，尤其是「白色的、多毛的小貓小狗」。而在鎮上徘徊的白頭海鵰也不時發生意外，譬如撞上車子，被電線電到，被圍籬纏絆住，或吞食小鎮廢物場的有毒垃圾而生病等。他經常要處理類似的案例。

　　人口僅五千的荷碼小鎮，很多居民已把白頭海鵰視為「威脅」。地方人士反對最力的，是退休的野生動物生物學家艾德加・貝利（Edgar Bailey）。他原本很歡迎鳥類，尤其是沙丘鶴（Sandhill cranes）和其他水鳥光臨他家附近的水塘，直到白頭鷹們屠殺了若干沙丘鶴並嚇走其他鳥類。他直言不諱說：「我們正把國鳥變成垃圾箱潛水員。」貝利並委託安哥拉治一家問卷公司調查，發現有55％荷碼居民認為餵食白頭海鵰是不合法的。

Chapter 1
傳說中的神鵰俠女──珍・金恩

若回溯至一九七〇年當時的時代背景——白頭海鵰在美國48州因DDT濫用而導致數量銳減，並在1978年被列為「瀕絕物種」，就更能明白珍的餵鷹行為。而且對珍來說，在海邊餵鷹，和在後院餵小鳥或在紐約中央公園餵鴿子，本質是一樣的。

　　然而，今日大多數生物學家都同意貝利的看法，認為餵食猛禽的行為不但對鷹有害，對人類也有危險。因為白頭海鵰是肉食動物，其分布數量對於自然生態和食物鏈的平衡有著舉足輕重的影響。有些猛禽專家甚至表示，將支持聯邦立法，明文規定在城市和小鎮餵食猛禽是違法行為。

　　但一直到過世，珍所做的一切仍沒有觸犯州或聯邦任何法律。

　　「如果是違法的，我會立刻停止，」珍無奈地說：「我說過好幾次不餵了，但大家都勸說不要停。」

　　珍和她的白頭海鵰是如此受到大眾愛戴，位於沙嘴尾端的「大地盡頭度假村」（Land's End Resort）特別在旅館餐廳裡，為珍留了專屬貴賓包廂座。我們就曾在那包廂裡，請珍在《The Eagle Lady》書的扉頁上簽名。她鄭重寫下「給你們最好的祝福」，字跡帥氣。

　　而支持珍繼續餵食，出力最多的便是荷碼各家旅館。因為珍對於促進冬季觀光有很大的貢獻。如果你曾在某本雜誌看到白頭海鵰抓著一條魚的生動特寫，那圖片十之八九是在珍的院子拍攝的。來自世界各地的野生動物攝影家，不管專業或業餘，都必須在荷碼租車、住旅館、用餐等，那是小鎮在冬天淡季為數可觀的一筆觀光經濟收入。

左 _ 難得的晴朗天，一對情侶在荷碼沙嘴海邊划舟。

右 _ 在冬天，珍的院子常常聚集一排來自世界各地的攝影家。

Chapter 1
傳說中的神鵰俠女──珍‧金恩

荷碼隆冬一月晝短夜長，下午三點多就日落了。

黃昏時分，從荷碼小鎮另一頭高處眺望沙嘴。

伴隨心愛的鷹，翱翔天堂

2006年荷碼市議會終於通過法令，禁止任何人在市界內餵鷹，但豁免珍一人，給予特別許可——珍仍可繼續餵白頭海鵰，直到2010年4月為止。如果珍能活到這個日子，她就已經八十七歲了。

不知是不是天意，珍在2009年1月13日因呼吸道急症而在家中病逝，享年八十六。珍臨終之際並不孤單，有許多親友陪伴她身邊。最感人的是，那時窗外坐著一隻白頭海鵰，珍躺在病榻上望向窗外，就能看到那隻鷹。彷彿鷹正看顧著、守衛著她。「那景象真是令人驚嘆！」一位在場的好友說：「那正是她想告別人間的方式。在家裡，平和過世，有她的鷹看護相伴。」

珍一過世，荷碼市議會立刻通過一項新決議，禁止任何人餵食老鷹之類的猛禽以及任何食腐屍的鳥類（如烏鴉、海鷗），並從2009年3月19日生效。

對很多人來說，珍雖已離開人世，仍是世上獨一無二的 "The Eagle Lady"。珍在過世前一年，健康每況愈下，去醫院就診多次，肩膀和手臂也沒那麼有力了，她仍說：「雖然我不再像以前那麼年輕，我仍打算盡力去做，我會請一位朋友來幫忙。我可以站在戶外，把魚丟出籬牆……。」

即使有些人不認同珍餵食白頭海鵰，仍不得不敬佩她逾三十年的恆心、毅力、和堅持。

「她和許多人分享阿拉斯加的美麗與莊嚴。她是荷碼最佳親善大使。而且她有來自全世界的朋友可證明

這一點。」珍的粉絲辛蒂這麼說。

一位野生動物攝影家寫道:「下次當你看到一隻白頭海鵰,你要謝謝像珍這樣的人,在海鵰幾乎被趕盡殺絕時,助牠們生存繁衍。她現在正和多年來她曾幫助過的無數白頭海鵰,一起遨遊於天堂。珍,我們將永遠懷念妳……」

作者凱立則這麼形容:「很多人都不了解,像珍這樣的人,是世上絕無僅有的(one-of-a-kind person),當她離開後,再沒有任何人能取代她所做的一切了。……我是如此幸運,曾被珍深深感動……。」可不是麼,舉世無雙就這麼一位,這就是凱立幫珍寫傳記最主要的動機吧!

而在我心目中,儘管珍和金庸武俠小說《射雕英雄傳》的小龍女冰清玉潔形象並不相符,但她對白頭海鵰日復一日無私的關照與付出,三十年歷久彌新的熱情與堅毅,早已成為我心中真正名符其實的「神鵰俠女」。

記得從荷碼返回安哥拉治途中,車窗外,北國入冬寒林,美得像一幅畫。樹葉早已落盡,枯枝參差的寥寥線條,表現簡單優美的形式。寂靜中透著蕭瑟,莊嚴中帶著蒼涼。我凝視寒林,那由生入滅的抽象圖像,流露著生命的純真與堅強。內心對大自然生生不息,彷彿有了更深層的領悟。

而當我翻閱昔日拍攝的數千張圖檔,再次注視那銀白的北國景象,不禁想起凜冽風雪中,珍的特立獨行與孤傲風骨。

舉世無雙的神鵰俠女,一如強風中恣意翱翔的白頭海鵰,過盡狂野自由的人生。

Chapter 1
傳說中的神鵰俠女──珍・金恩

白頭海鵰在夕陽餘暉中自在飛翔的剪影。

從荷碼返回安哥拉治途中，如詩畫般的潔淨雪景。

每年夏天有數千海象來圖島棲息。圖為第二海灘。

Chapter 2 Walrus Islands State Game Sanctuary
我可愛的海象們——
無人島的經理

遙遠的無人島

至少十年前，或許還更早，愛好野生動物攝影的朋友們便曾跟我們推薦「圓島」(Round Island)，繪聲繪影地描述：「你們如果喜歡觀察海豹之類的動物，一定要去圓島，那裡夏天有很多海象，還有成千上萬的海鳥，運氣好還能看到狐狸……真是很棒的地方！」

儘管每次都聽得怦然心動，但憧憬了這麼多年，卻始終無法成行。

為什麼呢？因為圓島實在太偏僻、太遙遠了！

它在阿拉斯加西南的布里斯托爾灣(Bristol Bay)，是「海象群島州立野生動物保護區」（Walrus Islands State Game Sanctuary）其中一個小島，整個保護區由七個嶙峋島嶼組成，全是無人島。最近的小鎮，是六十公里外的托賈克(Togiak)──人口不過八百餘人的愛斯基摩原住民村落。

聽到愛斯基摩村落，就不難想像那地方有多偏遠。而圓島，還在那個小村落的外海！

因保護區須先申請許可，進入官方網頁，映入眼簾的是這麼一段話：

WARNING!

Round Island is a remote wilderness far from medical facilities. Weather can be extreme and visitors are expected to be entirely self-sufficient. You must be in good physical condition to get onto and around the island.

開門見山就先給個「警告」！說明圓島是遠離任何醫療設施的遙遠荒野。氣候極端，訪客要完全自給自足，具有良好體能狀態才能到小島活動。

　　底下還加粗又放大這麼一段字：

IF YOU ARE NOT COMFORTABLE WITH THESE CONDITIONS, PLEASE DO NOT APPLY FOR A PERMIT
「如果這些狀況會讓你覺得不舒服，請勿申請許可」

　　生平申請過無數荒野許可，從未見過這般平鋪直敘「勸阻」人們別去，可見是有一定程度的風險。此外在注意事項中特別提醒，該區常有強風巨浪，壞天氣可能持續多天致使船隻無法航行。為了安全起見，最好多準備一週的預備糧以防萬一。

　　「一週的預備糧」？看到這句不免心驚。真有可能被困在島上這麼久？那麼，回程須轉搭四趟飛機，到時不全都搭不上了？怎麼辦？

　　愈想愈擔心，忍不住打電話給阿拉斯加航空公司。票務員問了訂位代號，說道：「不好意思，網頁上的旅行保險是由另一家公司提供的，我不太清楚細節……不過想請問一下，你為何會擔心回程搭不上飛機呢？」

　　「因為飛到終點托賈克之後，我們還要搭小船到外海一個小島露營。那是無人居住的州立保護區，風浪太大我們就無法坐船趕回托賈克搭機。保護區還建議多帶一週預備糧，小島沒電沒網路也無法打手機，萬一天氣太壞沒船可搭，我們甚至無法告知航空公司……」

　　我把這段在心裡想了不知幾百遍的最壞情形，劈哩啪啦一口氣說出來。講完了，頓時有些啞然失笑，這是什麼樣對話內容？將動身前往一個遙遠無人島卻可能被惡劣氣候給困住而無法搭船離開──我們真要去這麼一個地方？

　　「你們要坐船去一個偏遠小島露營？哇，聽起來好刺激，你們一定非常具有冒險精神！」她似乎聽不出問題的癥結在哪。

　　「謝謝妳這麼說。不過，我們想去是因為那小島有很多海象，不是故意要

飛近托賈克之前，見平坦苔原中的苔林形狀像個走路的人。

去冒險的……」心想若情非得已，誰願意這般所費不貲長途跋涉啊！

「原來如此……」她想了一下說：「如果我是你，就不會擔心那麼多，因為，那就是阿拉斯加啊！誰都知道那邊天氣隨時可能變壞的。如果因為壞天氣被困在一個地方無法離開，航空公司有責任也有義務，要設法把你們平安送回家的。」

她不但不推銷保險，還一直安撫說別想太多，就放心去小島看海象吧。講了快半個鐘頭，我只能一再稱謝。最後她祝我們旅程美好愉快，並相信我們一定能順利歸來。

時至今日，我仍記得那天下午，電話那頭傳來柔婉和藹的聲音，天涯若比鄰。

左 _ 從安哥拉治飛至迪林漢姆（Dillingham），從機上俯瞰冰河景色。

右 _ 坐螺旋槳小飛機到托賈克（Togiak），見到極地特有的辮狀河系。

保羅船長與母親大人

　　從安哥拉治飛至迪林漢姆（Dillingham），再搭螺旋槳小飛機到托賈克。
一下飛機，就發現腳下踩著泥土而非柏油路面。這「停機坪」跟多年前的北
極村有拼，小飛機起降只靠一段寬平的土石路。別說什麼航空站，附近連個
洗手間或遮風避雨的棚子都沒有。

　　幾名乘客頃刻如鳥獸散，說好要來機場接我們的民宿老闆娘卻遲遲不見
蹤影。想打手機，一看竟沒有接收訊號？想打電話，四處空蕩哪來的公共
電話？想叫計程車，別傻了，這裡怎麼可能會有計程車？天啊，該如何是
好?!我和文堯拖著四個又沉又重的大行李袋，呆呆站在跑道邊不知所

措。飛機駕駛員也幫不上忙，總不能把我們再載回去。

看到前來載貨的一名貨車小姐，只好硬著頭皮，問她知不知道那家民宿在哪?能不能搭個便車？她微笑說她認識那位老闆娘，是她的親戚，可以順道載我們過去。原來這幾百人的村落主要是由優匹克愛斯基摩人（Yup'ik Eskimo）組成，像大家族似的具有某種程度的血緣關係，所以大家都認識。

事先已和當地的船長保羅·馬克夫（Paul Markoff）預訂船位，不過每次回電郵或聽電話的人，都是一位叫葛萊蒂絲（Gladys Couchiak）婦人，後來才知她是船長的媽媽。我們剛到民宿不久，她就跑來「相認」，原來她就住在對街拐角，而民宿是她妹妹開的。

葛萊蒂絲在電話中聲音低沉，聽起來很蒼老，我本以為她七八十歲了，見面才發現她頂多五十幾歲，而且長得很像東方人。態度也十分親和，不像電話裡那樣一板一眼的。可能是語言的關係吧，他們平日交談仍用優匹克系的愛斯基摩母語，講英文不像老美那般流利。

她一見到我們就好像看到久違的朋友，笑道：「你們真的來了！這麼遠，我還以為你們不會來了呢。」接著熱心提供導覽服務，開車帶我們參觀托賈克村。村落僅兩百多戶，民房沿著一條長長土石街稀落分布兩側。看到一間郵局、一間學校、兩家雜貨店，海邊兩三棟高大的漁品加工廠，是最醒目的建築，顯然漁業是當地重要的經濟命脈。

「村裡很多人都是靠捕魚維生，我兒子保羅就是其中一位，」葛萊蒂絲邊開車邊說：「他要捕到傍晚才回來，待會兒你們就會見到他，他會載你們去圓島。其實我們的載客服務只是副業，捕撈夏天洄游的鮭魚才是主要收入來源。」

「真的？捕魚的利潤，會比提供載客服務還高麼？」我忍不住問。

「是啊，捕魚賺的錢當然比較多。現在只是開始，等過一兩週鮭魚洄游旺季，我兒子成天捕魚，就會忙得沒時間載客了。」

葛萊蒂絲很健談，說她先生是飛行員，三年前不幸車禍過世，她非常傷

左 _ 年輕的保羅船長平日以捕魚維生，小漁船頂有一救生艇。
右 _ 西南沿海的愛斯基摩原住民，每年都要做很多燻鮭魚以過冬。

心。他們的店號「托賈克旅行用品」（Togiak Outfitters）就是她先生創立的，兒子開的小漁船也是爸爸遺留下來的。女兒琳西（Lindsey）唸高中，明年就要上大學。她平日則在當地學校教小孩愛斯基摩母語，今年五十三歲了，經常腰酸背痛，因為以前她跟先生兒子一起去捕魚，常不小心在甲板上滑倒，把背給弄壞了，之後就很少坐船出海。最後，她特地繞到村側小山丘頂，指著遙遠天際線上一座孤島，說那就是我們要去的地方，圓島。

為何一見面這麼投緣，可以聊這麼多，我也不知道。葛萊蒂絲給人的感覺真誠平實，若非她跟我講英文，我真覺得她就好像台灣人一樣，因為長相和敦厚的性情都太神似了。都說愛斯基摩人源自亞洲，在一萬年前冰河時期從白令海峽遷徙至北美阿拉斯加，說不定很久以前我們遠古的祖先是同宗，也不是沒有可能呢。

傍晚保羅捕完魚回家，葛萊蒂絲幫我們引見她那年輕又高大的兒子，爸爸是白人所以保羅看起來也像白人。「你們喜不喜歡鮭魚？我今天捕到很多，可以送你們一尾。」很大方的船長。我們雖愛吃鮭魚，但一想到在圓島不知怎麼清理那麼大尾的魚，只能客氣婉拒了。

翌日陰雨又起霧，幸好風平浪靜，船可以出海。葛萊蒂絲清晨七點準時來接我們，她的背不好，卻堅持幫忙搬運行李，真是敬業又盡責。到了海邊，她兒子保羅船長已在小漁船上等著，還帶了一位幫手諾倫（Nolen），乘客就我和文堯兩人。

「在島上要小心啊，好好照顧自己喔。我會記得提醒保羅按時把你們接回來。」葛萊蒂絲微笑叮嚀著，揮手道別。

駐守員是「她」而非「他」

　　上了小漁船，保羅首先要我們穿上救生衣，接著教導萬一有緊急狀況，要及時按下駕駛座旁的紅色按鈕求救。啟程後，保羅專心看著前方。問他做這行多久了？他說自己不到十七歲就跟父親一起出海捕魚，今年二十五歲，數數有八年工作經驗了。父親三年前意外過世，他繼承家業，和母親一起經營載客服務。夏天忙著捕魚，要捕足夠的鮭魚醃製起來才好過冬，若漁況好，捕多了還可賣錢。

　　我蠻訝異保羅和葛萊蒂絲一樣坦白，母子倆對自家的事似乎毫無忌諱。尤

上 _ 圓島的「第二登陸區」，不過就是岸邊一處岩塊錯落的礁石區。
左 _ 擔心會觸礁，保羅和諾倫解下救生艇並迅速裝上馬達。
右 _ 保羅留在船上，由諾倫負責駕小艇接駁，先運行李後運人。

其是年齡，一般老美都特別注重這些隱私，不輕易說出來。或許愛斯基摩文化和美國仍有些不同吧。

海面瀰漫灰色濃霧，看不清遠方，保羅卻仍鼓足馬力往前衝。引擎聲很大，我忍不住拉開嗓門問：「在這種起霧的天氣開船，能見度這麼低，不會迷路嗎？」

「不會，我們有全球定位系統(GPS)，不會迷路！」保羅握著駕駛盤回頭喊道：「其實像這種起霧的陰雨天，算是好天氣……」

「為什麼？」到處霧茫茫的，難道不危險？

「有雨有霧都沒關係，只要沒風，就是好天氣……」保羅回頭補了一句：「因為風太大，就可能翻船！」

乘風破浪一個多鐘頭，孤立茫茫大海中的圓島也愈來愈清楚，形狀真像龜殼的側面。

說是無人居住，阿拉斯加漁獵局（Alaska Department of Fish and Game）在每年5至8月的開放期間，仍會派遣兩名僱員駐守該島。為了保護海象棲地，將人類活動影響減至最低，漁獵局自1989年開始實行「許可制」(access permit program)，即船隻進入圓島半徑三英哩內海域，不但須事先徵得島上駐守員許可，且須遵守速限和規定的航海路線（即生態廊道）從圓島東北側進入，管制很嚴格。

保羅拿起無線電，開始和駐守員聯繫：「嗨，這是保羅，我們就快要抵達圓島了。」

「收到了。船灣附近有海象在休息，你們要改在第二登陸區靠岸才行。」無線電那頭傳來年輕女士的聲音。原來駐守員是「她」而非「他」。

駐守員在整修步道，遠處是圓島西北端的龍脊（Dragon Spine）。

「OK，我們會到第二登陸區。」保羅邊說邊調整船頭方向，開始減速慢行，小心翼翼低速前進，可能擔心海中有海象，不小心撞到就糟了。圓島愈來愈近，我發現岸邊果然有幾隻海象躺在礁石上，姿態慵懶，都在睡覺呢。

保羅把引擎轉至最小，回頭低聲說：「待會兒靠岸時，請小聲說話，盡量保持安靜，別吵到海象。」那語氣就像說，這是海象的家，我們是客人，請注意不要打擾主人正常作息。

「還有，拍照時請先關掉閃光燈，以免嚇到海象們。」保羅又補一句。

海象如此被尊重，拜賜於美國聯邦政府在1972年頒佈的「海洋哺乳動物保護法」（Marine Mammal Protection Act）。保護區網頁寫得很明白，任何侵擾甚至捕殺海象的違規行為將課以重罰，最高罰至一萬美金──約三十萬台幣！罰得很重，不是開玩笑的。

徒法不足以自行。保護區不僅有法令明文保護，管理單位也嚴格「執法」。譬如圓島一般登陸地點是船灣（Boat Cove），如有海象在休息，小船便得改道到「第二登陸區」（Second Landing Area）。美其名為登陸區，左看右看都只是岸邊一塊參差錯落的礁石區。礁岩上站著五、六人，應是島上訪客要坐保羅的船回托賈克。

我很懷疑這般凹凸不平的礁石地形，船也能靠岸？

擔心小船觸礁，保羅果然有備而來。他和諾倫從船頂解下一只堅固橡皮艇，迅速加裝一具馬達。接著保羅留在船上，由諾倫駕艇，先運行李，確定安全無虞，再運人。往返幾趟，終於把我們送上登陸區，也把岸邊的人全數接上船，緩緩揚長而去。

光就上岸這件事，便讓我見識到管理單位對海象的保護多徹底。處處以海象為優先考量，以不驚擾、不影響生活作息為第一原則。令人不得不感嘆，比起台灣瀕危的白海豚，圓島的海象實在很幸福。

長逾一小時的解說課

浪打礁石，還好穿了長筒膠鞋才沒被海水弄溼。礁岩緊鄰峭壁，扛起裝備就往上爬，短短一段陡坡爬得氣喘吁吁。駐守員史黛芬妮(Stephanie Sell)和海蒂（Heidi Isernhagen）在濕滑崖坡上下幫忙搬運行李，身手矯健強壯。把所有行李搬上崖坡，放眼望去，前臨無盡大海，後倚青翠草坡，不見一棵樹，也沒其他人影。這才發覺，我們成了島上唯一訪客。

史黛芬妮是「保護區經理」（Sanctuary Manager），看起來很年輕。海

蒂年紀稍大，是總管副手。兩人態度親和而盡責，首先是查看我們的「紮營許可」。接著史黛芬妮開宗明義說，要幫我們上一小時的新生培訓課程（Orientation），並帶我們認識周遭環境。

我一時以為自己聽錯了。一個鐘頭？從沒上過這麼久的迎新課，真有這麼多東西要講？

史黛芬妮邊介紹邊帶我們往上走。首先介紹營區，小茅廁位於營地上方，居高臨下，面臨一大片草坡和大海。島上沒有沖水馬桶，而是化糞式茅坑（pit toilet）。僅容一人斗室，卻是無法想像的乾淨，不但完全沒異味，還漫著青草的芳香。馬桶座旁，除了衛生紙卷，並貼心擺上一罐洗手清潔液。

左 _ 在第二登陸區礁岸，史黛芬妮和海蒂站在水中設法拉住橡皮艇。
右 _ 帳篷綁在營地木台上，帳頂掛上自備的太陽能板充電。

當然，「水龍頭」在這裡是看不到的，卻有更高檔的天然礦泉水。史黛芬妮指著西邊一處山坳說，那裡有一條小溪，有取之不盡的清澈山泉。

再往前走是炊事棚，用堅韌塑膠布搭起。棚外一只大貯藏箱，史黛芬妮說那是為了防止狐狸偷食物。棚內五臟俱全，有瓦斯爐、炊事台、一張大桌和幾把椅子，讓我們有遮風避雨的地方安心煮飯。桌角一只方盒，盒內放著一疊關於保護區的影印資料，算是迷你圖書櫃。我心裡暗喜，若遇壞天氣無處可去，待在棚裡閱讀就可消磨半天，多充實愉快啊！

接著史黛芬妮簡介自然人文歷史，特別強調這海象保護區成立於1960年，是阿拉斯加在1959年正式成為美國第49州後，全州第一個成立的野生動物保護區。她並介紹海象分佈範圍和生態行為，以及保護區陸地野生動物、海洋哺乳動物、海鳥種類、與植被特色等。她的解說很專業，原來她生於首府朱諾，是土生土長的阿拉斯加人，因為很喜歡動物，到密西根唸研究所專攻「野生動物保育」（Wildlife Conservation），碩士論文是關於北極海的環斑海豹(Ringed Seal)，難怪年紀輕輕就知道這麼多。

史黛芬妮一一列舉圓島諸多規則，第一不能打擾海象，其次不准逕自下至海灘，除非徵得駐守員同意陪行。可以想見，在此荒島若不慎摔落或被海浪捲走，人命關天卻求救無門，這重責大任駐守員當然擔待不起。

此外島上有一條「橫斷步道」(Traverse Trail)，通向西北端的龍脊(Dragon Spine)，因地形崎嶇，坡度落差大，若想走這條步道也須徵得許可。為了確保安全，她們會提供一支無線電讓我們隨身攜帶，萬一出事可立即呼救。

說到救援，史黛芬妮最後帶我們進入駐守員木屋，現場教導緊急狀況處理步驟。只見屋外一塊鮮黃色急救擔

架板，屋內牆上有急救箱和通訊設備，電源來自屋旁的太陽能充電板。若她們剛好外出，海巡無線通訊頻道是Radio Channel 7。若收訊不良而情況危急，甚或她和海蒂出了事，我們可逕行撥打衛星電話向外求援。

事實證明這新生課程，整堂下來，一個鐘頭似乎時間仍不太夠用。讓人對這保護區「未雨綢繆、防患於未然」紮實徹底的安全教育，留下深刻印象。

每個營地鋪著一塊木板平台，據說是兩三年前才搭建的，帳篷就不用搭在濕黏的泥濘上。最棒的是，營地才七個，即使住滿，人數也不會超過一打，因為保護區每天頂多核發十二個露營許可。海蒂開玩笑說，反正又沒別人，我們大可一天換個營地，天天換個景觀。有這麼好的事？真像在作夢哩。

選擇太多，反而無所適從，乾脆選個位置居中的。駐守員木屋和營地隔著小山坡，彼此看不到對方。營地面向西北龍脊，視野展望極佳。蔚藍大海一望無際，青翠原野空無一人，彷彿整個島都屬於我們，真是不可思議的奢侈。此時此刻，只想向全世界吶喊心中的幸福！

左 _ 常在步道上和狐狸不期而遇，後方即是茅廁，非常乾淨。
右 _ 炊事棚披上迷彩裝和環境搭配，棚邊白色貯藏箱防狐狸偷食物。

巨無霸島主的象牙

　　這是我生平第一次看到海象在大海裡悠遊自在泅泳。以前只在雜誌或書裡看過圖像，在動物園也從沒見過這種動物。炊事棚的圖書櫃有豐富資料，加上兩位駐守員不時現場解說，讓人對這罕見動物有較深入的認識。

　　太平洋海象（Pacific Walrus）生物學名為 "Odobenus rosmarus divergens"，拉丁文原意是「牙步行海馬」(tooth-walking sea horse)，無論公海象或母海象都身材壯碩，並都長著一副大而突出的象牙。體積比同科的海豹海獅來得大，是北極區最大的鰭足類動物。公海象身長可達3.6公尺，體重可達兩公噸，堪稱巨無霸。母海象身長約為公海象的三分之二，體重可超過一公噸。

　　科學家估計全世界多達80％的海象分佈於太平洋和北極海之間的白令海（Bering Sea）和楚科奇海（Chukchi Sea），目前約有二十萬隻，活動範圍跨越了美俄國際邊界。美國只有在阿拉斯加——從南側的布里斯托爾灣（Bristol Bay）到北邊的巴羅角（Point Barrow）能發現海象芳蹤。大部分海象每年會隨季節遷徙，其移動路線會受到北極海冰層季節性的擴張與消融的影響。

　　聽史黛芬妮說，我們在圓島看到的清一色是公海象。為什麼呢？因為冬天交配季節結束，到了春天，母海象便帶著海象寶寶向北極海域遷徙，其他未成年海象也往北遷。公海象則往南到圓島所在的布里斯托爾灣一帶海域，直待到十月才北返。

　　「這是很有趣的現象，」史黛芬妮解釋：「生物學家推測是因為食物資源的關係，公海象往南遷徙覓食，不與母海象競爭食物資源，北邊的母海象便能夠得到充裕食物餵食寶寶，寶寶存活率也就相對提高了。」

　　海象壽命可達四十年。交配季節在冬天一月至三月，也就是當公海象和母海象群聚於極區大片冰海上。受精卵在母體子宮內呈漂浮狀態約四個月，

到五六月才開始著床發育。胚胎發育期約十一個月，因此妊娠期長達十五個月，是所有鰭足類懷胎最久的。

　　海象寶寶在翌年四月底五月初出生，身長逾一公尺，重量逾六十公斤，是巨嬰，會待在母親身邊，直到兩三歲才離開。母海象在四至六歲「轉大人」開始生育，每兩年生一胎。公海象八至十歲臻於性成熟，通常要到十五歲夠強壯，才能奪取交配權。

在岸邊群聚的海象，居中者多半是象牙最長的。

　　這些巨無霸島主外露的兩根牙，是加長的上犬齒。見牠們身材肥重，行動不便，還得顧著兩根長牙。牠們喜歡「擠擠做一夥」躺在岩石休息，以互相取暖。彼此緊貼的結果，哪位想挪動一下肥軀，下巴總要抬得老高，要不，象牙一不小心就戳到鄰居或卡在肉堆裡。

　　看似累贅無用的象牙，卻是長久演化結果，對海象在極區生存扮演關鍵角色。譬如在冰海覓食時，海象的象牙功能猶如人類的冰斧，敲進冰層，可輔助海象龐大身軀從海裡挪移到冰上，並可用來戳破冰層的呼吸孔。

　　我看海邊有幾塊平坦岩石，大家都想躺在上面曬太陽，可面積就那丁點大，有些特粗壯的老大哥，會很不客氣地，用象牙戳那些體型較小的後輩，要牠們讓位。那些象牙較短的都很識相，立刻連滾帶爬，忙不迭閃邊，十分敬老尊賢。因此霸佔中間好位的通常是象牙較長的，年輕公海象往往處於邊緣地帶。

左 _ 史黛芬妮說陽台上有一只象牙是她和海蒂合力從一隻死海象嘴部割取的。
右 _ 來圖島的清一色都是公海象，母海象則帶著寶寶往北遷。

　　還好海象有很厚的脂肪層，覆著堅韌革皮，不管故意戳人或無意被戳，只像是表皮搔癢。牠們身上傷疤多半是求偶季節為了爭取交配權，與對手劇烈打鬥而留下的痕跡。

　　「如果不小心撞斷象牙，是件蠻丟臉的事，牠將失去原有的社會地位。」史黛芬妮解釋。原來象牙和年紀成正比，牙愈長年紀愈大，也愈德高望重。象牙具有多種生存功能，除了自我防衛，建立社會地位，求偶時也會向母海象炫耀自己的象牙，以期獲得芳心。

　　公海象的象牙可長到一公尺長，重達五、六公斤。在小木屋陽台邊，展示了幾支貨真價實的象牙。其中一支顏色較白，是史黛芬妮和海蒂不久前在海邊發現一隻死海象，用工具刀硬把象牙割鋸下來。我好奇拿起象牙，好重，險些握不住，趕緊用兩手捧住，才曉得一根象牙竟有這麼重。

聽！如風鈴般的歌聲

海象是高度社會化動物，無論活動休息都成群結隊。牠們在岸上守望相助，一有危險立刻出聲警告，頃刻間，所有海象都縱身跳進海裡避難，而帶頭游最前面的，通常就是那些最具權勢的年長者。

海象的天敵是北極熊和殺人鯨。牠們選擇到外海離島，而非在大陸沿岸棲息，因為這樣才不易受到熊的攻擊。據官方統計，圓島海象在1978年夏天曾創下單天超過一萬四千隻的數量，到1998年，一天最多不到兩千隻；近幾年最多約四千多隻。是什麼原因造成數量變化如此之巨呢？

「或許和圓島周圍食物資源漸趨匱乏有關吧！有學者認為受到全球暖化影響，致使北極海夏季冰層大幅縮小。對於需藉助浮冰活動的海象而言，等於限制牠們覓食範圍，可能導致數量減少。」史黛芬妮聳聳肩，無奈地說：「誰知道呢，很多現象至今仍是個謎。科學家提出各種可能假設，並在海象身上裝置衛星無線電追蹤器(Satellite Radio-tag)，目前研究仍在進行中。」

我原以為，象牙在海象的覓食行為扮演重要角色，其實不然。海象不用象牙挖掘食物，而是藉由口鼻部數百根感應敏銳的「觸鬚」來搜尋獵物的。

牠們的主食是海底蛤蠣和蚌類，藉其厚實嘴巴具有的強大吸吮力，將蛤蠣的肉與蚌殼撕離。此外還吃蝦、蟹、蛇、烏賊、墨魚、海參等，偶爾也吃海鳥和小隻海豹。覓食區域主要在深達90公尺的淺海大陸棚，此區沉積土中具有豐富多樣的軟體動物。海象最深可潛兩百多公尺深，最長可閉氣半小時之久。而成年公海象一天平均可吃下一百磅（約45公斤）食物，相當驚人，堪稱名符其實的「大胃王」。

正因觸鬚敏銳，海象會彼此「面對面，嘴對嘴」用觸鬚溝通。乍看之下，會讓人誤以為公海象哥倆交情好到不行，居然大白天在親嘴呢！

圓島緯度約58度。六月下旬，夕陽在午夜時分隱沒地平線，暗夜維持兩三個鐘頭，凌晨四點多，天已微明。其實天亮天黑，對於成天休息的海象似乎

沒差，牠們的生活作息顯然更受潮水漲落的影響。退潮時，礁石暴露，牠們得以慵懶躺在岸邊日光浴，一旦漲潮淹沒海灘，無處可棲，牠們便不得不浸泡淺海中。

我很喜歡觀察水中的海象，比趴在岸邊睡覺有趣多了。牠們會找伴兒玩耍，翻來滾去，像在玩摔跤，不時抬起象牙，虛張聲勢，用兩隻短短的手（前鰭）撲打對方。那架勢、那頓位、那肢體語言、甚至肉體顏色，簡直像極「海中的相撲選手」。不同的是，牠們在海中沉浮，常得露出海面呼吸，不時「噗阿」噴吐一大口水氣。

有些個性較孤僻的，一個人也能自得其樂，在水中一圈一圈翻筋斗，或靠著淺海礁石磨蹭後背，煞是可愛。

而在海象所有行為中，最迷人的也最令人驚嘆的，莫過於牠們在海中所發出的歌聲了。

俗語說人不可貌相，海象更不可貌相。我如何都無法想像，在陸地上看似這麼粗重又動作遲緩的龐然大物竟然這麼會唱歌，在海中竟能發出如此細膩優美的合鳴。叮—叮—叮叮——噹——噹——，如風鈴般在空中隨風盪漾，陣陣傳來悅耳動聽的歌聲。

有人形容海象的合鳴像交響樂，牠們真會發出各式各樣的聲音。史黛芬妮則用遙遠的鐘聲（英文 "chime"）來形容：「那是我所聽過最動人的，最不可思議的自然樂曲……」還說她第一個暑假來圓島工作，首次聽到那猶如天籟般的聲音，誤以為誰在播放收音機的教堂音樂，可島上並沒其他人。她很納悶，難道是從遙遠的對岸村落傳來的？後來問了在圓島待過七年的同僚黛安（Diane Okonek），才知原來是海象的美妙和聲。

科學家研究發現，公海象會發出歌聲，是因為牠們頸部有喉袋（pharyngeal sacks），作用類似共鳴腔。平日潛水時，喉袋鼓漲而形成共鳴腔，便可在水裡發出鐘聲般的合鳴。牠們在夏季練習鳴唱，期能在冬天求偶之際引起母海象的注意。這些喉袋又好比氣球，當鼓滿了氣，頸部產生的浮力讓海象得

以頭上腳下直立於海中。從岸邊望去，彷彿海面浮起一坨坨大肉球。這特殊行為在其他鰭足類動物是看不到的，非常獨特有趣。

今天的海象有幾隻？

史黛芬妮和海蒂主要工作是保護海象和訪客安全，提供圓島相關生態解說。此外還須沿襲保護區歷年研究，每天做田野調查，到島上幾個定點實地統計海象及其他野生動物數量。

海象多分佈於圓島東側，從東北到東南有主要海灘（Main Beach）、西主要海灘（West Main Beach）、平坦石（Flat Rock）、船灣、第一海灘（First Beach）、第一主海灘（First Prime Beach）、第二海灘（Second Beach）和第二主海灘（Second Prime Beach）。圓島東南的東岬（East Cape）則有百隻的史特拉海獅（Steller's sea lion）。史黛芬妮和海蒂分工合作，一人數東北區的海象，一人數東南區的海象和海獅，隔天兩人再輪流換區統計。

在步道上，常會碰到史黛芬妮或海蒂做完田野回來，我們最喜歡問的就是：「今天的海象有幾隻？」她們便認真翻開筆記本，一一說出上述觀察點的海象數字，再總加起來。數量最多的一天，超過了四千隻。

「可是那麼多海象，又密密疊在一起，要怎麼數呢？」有一天我忍不住問。因為剛開始也曾試著數海象，數到後來，看得眼睛都花了，根本搞不清到底有幾隻。

史黛芬妮從口袋裡掏出一個迷你計數器說：「我不是一隻一隻數，而是以10隻為單位，每單位按一下。」她熱心操作給我們看：「所以如果按120下，就表示有1200隻，加上外圍的零星散戶，就可得到約略數目。」

「10隻為一單位？可是要如何確定那一堆剛好10隻呢？」我還是覺得有些匪夷所思。

上 _ 海中的海象互相推撞用前鰭撲打對方，渾似「相撲選手」。
下 _ 海象會「嘴對嘴」用短觸鬚溝通，不知情者還以為他們在親嘴！

「當然要靠練習囉。看熟了，就能判斷10隻海象聚在一起大概多大。」聽起來有道理，但要練多久，才能練到這般境界啊？！

某天去駐守員小木屋歸還海蒂的野花圖鑑，我一眼瞥見室內電腦螢幕上的海象圖片，原來史黛芬妮不太確定數量，為證明目測的數據沒有相差太遠，就拍照存證，等回到小木屋再在電腦螢幕上從頭數一遍。

「天啊，妳可以這樣一隻一隻慢慢數，實在太厲害了！」看著那密密麻麻的海象，我滿臉佩服地說。史黛芬妮笑說，反正有的是時間，她偶而會用這種方法求證一下，免得統計值跟實際數據差太遠。可見「數海象」看似簡單，其實並不容易。

檢舉違法過境的飛機和漁船，也是駐守員的責任。史黛芬妮提起一例，說去年有一架小飛機闖進圓島上空，約有500隻海象受驚嚇跳入海裡。這是很嚴重的事，因為海象驚惶失措時，最容易撞斷象牙或壓擠而受傷。她及時用望遠鏡把小飛機號碼記下，呈報上級，結果那位駕駛便被罰款，起了警示作用。

「在島上能聽到很遠的引擎聲，我們全天監視著，誰都別想嚇唬我的海象們！」史黛芬妮竟用所有格 “my walrus” 來描述，可見用情之深，責任感有多強。

無論颱風起霧下雨，天氣多麼惡劣，兩位駐守員每天按時田野調查，非常盡職。即使狂風呼嘯，要把人吹走似的像在做颱風，她們照樣出勤，令人咋舌。

老實說，除了史黛芬妮和海蒂兩位，全世界大概沒有任何一個人會知道這一天到底有多少海象來圓島棲息，她們如果稍微偷懶就寫個平均數放自己一天假，也不會有人曉得那數據是真是假。她們非但沒這麼做，還特別負責。風雨無阻還不夠，還拍照存證放在電腦螢幕再數一遍，確定沒差太多，而且持續做上近四個月。

只能說，她們這麼認真盡責的工作態度，真是太敬業、太令人佩服了！

在島上未經駐守員同意隨行，不可擅自下至海灘。

圖島海象分佈最多之處，是龍脊下的主要海灘 (Main Beach)。

這般互相取暖「擠擠做一夥」的陣仗，你算得出有幾隻海象嗎？

卿卿我我的海雀

除了海象和海獅，史黛芬妮和海蒂每天也要記錄海鳥。每年夏天有高達25萬隻海鳥回到圓島繁殖下一代，包括15萬隻海鳩(Common Murres)及7萬隻黑腳三趾鷗 (Black-legged Kittiwake)。

在圓島北側的觀察點(Observation Point)，可見成千上萬海鳥築巢於東北崖壁間，數量多的數不清。史黛芬妮和海蒂在季節一開始便選好五個繁殖區做田野研究，記錄親鳥孵蛋情形，統計某一區有多少對成鳥築巢孵出小鳥，進而推算每年育雛的大概成功率。

圓島所有海鳥中，最上相的莫過於海雀(Puffins)，中文又稱海鸚或善知鳥，屬於遠洋的海鳥。全世界僅有三種，在圓島就囊括了兩種，包括角海雀(Horned Puffin)和簇絨海雀(Tufted Puffin)，均分佈於北太平洋。另一種是北大西洋海雀(Atlantic Puffin)，顧名思義，要到北大西洋才看得到。

據說營地附近的靠海岩壁就有海雀窩，牠們每年都會回到那兒，在岩縫

上 _ 被我們分為頂樓、二樓、一樓和地下室的「海雀岩」(Puffin Rock)。
下 _ 住頂樓的簇絨海雀夫妻 (Tufted Puffin)，身後草叢就是牠們的家。
右 _ 一對角海雀 (Horned Puffin) 情侶正在二樓休息，含情脈脈。

或土壤洞穴築巢。我們沿著海邊慢慢找，前三天猛颳西北強風，岸邊只見海鳩、鸕鷀、海鷗飛來飛去，海雀似乎都躲起來了。到第四天，才終於出現海雀身影，我親眼看到牠們鑽進岩縫，偶而冒出一顆頭探頭探尾，原來牠們真住在岩縫洞穴裡。

我們將那岩壁取名「海雀岩」(Puffin Rock)。這塊岩崖真像一棟公寓，住著幾戶人家。頂層的岩縫住一對簇絨海雀，常同進同出，熱情親嘴，旁若無人的模樣煞是恩愛，被稱為「頂樓夫妻」。垂直的岩壁有兩層岩階，被稱為「一樓」和「二樓」，沒有岩縫只有小階台，是專供休息的套房，常有海雀伴侶白天一起覓食，暫時來此歇腳並不忘親暱。最底層是「地下室」，只見角海雀飛進飛出，但岩壁擋住視線，我們無法判斷地下室住了幾隻。

生平第一次近距觀察海雀，真是很漂亮的鳥。角海雀白臉黑頭，眼眶像畫

上黑眼線似的，如可愛小丑；澄紅喙嘴大而扁，腹白背黑，如穿著一襲燕尾服，搭配一雙醒目的紅腳蹼，隨時準備盛裝赴宴。簇絨海雀頭上有兩撮羽簇，表情看起來較兇，不若角海雀來得討喜。

海雀常貼著海面振翅疾飛，飛翔姿勢不如海鷗優雅，但翅短尾短，有助於潛入海裡覓食，就像企鵝在海中能迅速穿梭潛泳。聽史黛芬妮說海雀育雛時間較晚，記錄上寫著八月開始育雛。此時才七月初，難怪海雀啣的都是築巢的枝葉乾草，而不是餵食幼雛的小魚。

海鳩和黑腳三趾鷗，卻是從六月開始育雛，數量比海雀多很多，從觀察點可看到整個東北崖壁幾乎都是這兩種鳥築的巢，有些巢中孵了蛋，有些已孵出幼雛。偶見烏鴉嘎嘎飛過，想偷別人家的小孩來吃。因此親鳥至少一人在巢中守護，用身體護住小鳥不讓敵人看到。

觀察點是在毫無遮蔽的懸崖邊，腳下海面落差數百公尺深。地形陡峭加上強風凜冽，怕摔落崖下，我們要不蹲坐要不就趴在坡上，用望遠鏡和長鏡頭觀察對面崖壁鳥況。

也因而很幸運地，親眼目睹狐狸偷蛋的情形。

機靈狐狸愛偷蛋

圓島沒熊，卻有紅狐狸（Red Fox）。我們幾乎每天都會和狐狸不期而遇，因為牠們喜歡在乾淨的營地椿台上睡覺，也喜歡利用步道到處趴趴走。牠們很聰明，知道這樣較省力氣，不用在草叢鑽來鑽去。

從體型大小、毛色深淺、長相及行為特徵，我們至少看到四隻狐狸（史黛芬妮和海蒂則說有五隻）。狐狸嗅覺敏銳，連土裡昆蟲都能翻出來。個性又好奇，想弄清楚來者何人，便突然現身，神出鬼沒，兩眼炯炯有神，探頭探腦一點兒都不怕人。

「如果你注意到牠，牠便掉過頭去，一副不在乎的模樣，懶得理你。如果

你假裝不理牠，牠就亦步亦趨，不時搔首弄姿，反而想引起你注意。」史黛芬妮對狐狸機靈卻帶點世故的行為描述的很貼切，牠們似乎喜歡捉迷藏，真的很調皮。

　　某天近午時分，我們見史黛芬妮和海蒂在整理步道，就跟她們聊起來。瞥見一隻狐狸躡手躡腳經過旁邊草叢，沿著步道上坡，不一會兒消失無蹤。約莫不到半個鐘頭吧，四人還在聊天，卻見那狐狸又沿著步道走下坡來，嘴巴銜著一個橢圓形的綠色東西。本來我以為是玩具，等牠走近一看才發現，赫，竟然是顆大鳥蛋！

　　史黛芬妮從蛋的大小顏色，立刻判定是海鳩的蛋。狐狸見四人八隻眼睛一

狐狸偷到一顆藍綠色的海鳩蛋，乍看之下還以為是玩具。

上 _ 海鳩孵蛋很像企鵝，不做巢，就把蛋藏在肚腹下方和腳蹼之間。
下 _ 黑腳三趾鷗用身體護住幼雛，免得小孩被敵人看到而被叼走。

齊盯著牠，可能感到「作賊心虛」，隨即往海邊跑去，隱身遠處草坡中。

「可憐的海鳩，牠們一次就只生一個蛋，蛋被偷走親鳥一定很傷心。」海蒂搖頭歎道。

「真的嗎？整個夏天就只下一顆蛋？」那，不就要等上一年，明年才能再生baby？

「也不一定，要看鳥蛋被偷的時間。如果在初夏，季節夠早，親鳥會再嘗試孵個新蛋。若過了夏季中期，育雛時間不夠，就要等到明年了。」史黛芬妮接口說。

過了幾天，我們在觀察點的懸崖邊，同時看到兩隻狐狸不約而同想偷蛋，一右一左、一前一後走下對面崖坡。只見牠們迅速靠近崖壁的育雛區，一路嗅聞哪兒有鳥蛋。狐狸一欺身接近，位於外圍地帶的小小海鳩如何也抵擋不住狐狸攻擊，只能一邊淒厲大叫，一邊驚慌飛離，若不趕緊逃命，恐怕自己也將命葬狐口下。

在探索頻道（Discovery channel）看到的電視場景，活生生在眼前上映，一時竟不敢相信自己的眼睛，真是太不可思議了！

讓我訝異的是，狐狸短短時間就上下一段陡峻崖坡，輕而易舉，偷了一個蛋，行進間，還不會把嘴中的蛋弄破。好像去自助餐廳領個蛋當點心似的，一派輕鬆自在。那麼陡峭崖壁都能來去自如，可見偷蛋的身手多敏捷，本領多高超。

海鳩的蛋比三趾鷗的蛋大上一倍不止，吃起來比較過癮，因而成為狐狸首先覬覦的目標。除了鳥蛋，剛孵出還不會飛的幼雛也有可能成為狐狸的餐點。

盡心育雛的雙親們，除了狐狸，還要防範凶悍的烏鴉。我們親眼看到烏鴉嘴裡叼著三趾鷗幼雛，要帶回家餵自己小孩吃。弱肉強食是大自然無情的一面，令人無奈的現實。親鳥所能做的，只有盡量將巢築在危險的峭壁懸崖上，讓敵人不易接近，並隨時用身體羽翼護住鳥蛋和幼雛，不讓敵人看到，其餘就只能盡人事聽天命了。

「橫斷步道」通向龍脊，中段雖平緩，但旁側一瀉千里。

仰之彌高的「橫斷步道」

圓島是一個沒有樹木、自然條件嚴苛的地方。當初夏草坡紛紛冒出小野花，織成一幅繁花茂草的奇景時，不禁讓人驚嘆大自然蘊藏的堅強生命力。

「極北植物的魅力，在於它們看起來很弱小，卻可能在某方面相當堅強。阿拉斯加的小小世界，其實是很壯大的。」極地自然攝影家星野道夫便曾這麼讚歎。

小小世界很壯大，也令人迷惑，幸好海蒂有本野花圖鑑可參閱。學無止境，想到連駐守員都要翻書查看名稱，感覺還蠻欣慰的。

而除了海象的動人歌聲、海雀的比翼雙飛、狐狸的高超身手、隨處可見的迷你野花外，對圓島最深的記憶，莫過於詭譎多變的天氣和那條橫斷步道了。

阿拉斯加氣候極端，早已深深領教，但圓島是最誇張的。大風、大霧、大晴、大雨，除了雪，我們什麼都經歷過。最驚心動魄的是強風肆虐，連著兩天帳篷啪答啪答響，日以繼夜颳得人心惶惶。幸虧多帶了繩子，把外帳綁在營地基台木樁上，帳篷才沒被掀翻。後來聽史黛芬妮說，風勢最強那天，小木屋儀器記錄的風速高達每小時73公里！

圓島茅廁的屋頂就曾被強風整個掀開，漁獵局不得不在茅廁屋頂加上鋼索打樁固定。小島變天像翻書，原本萬里無雲，瞬間烏雲密佈，連阿拉斯加土生土長的史黛芬妮都說她起初也不相信天氣變化那麼快。「要親眼看到才會相信！」她說。

天氣瞬息萬變，讓我們差點兒走不成「橫斷步道」——那條通往北端龍脊的唯一路徑。聽名稱就知其地形險峻，當天氣不好，駐守員基於安全，是不可能放行的。

　　頭兩天狂風颼颼，怕我們被風吹到崖底，所以不行。接著起大霧，山嵐瀰漫遮住山頭，怕我們看不清步道跌落崖底，也不行。第四第五天，淅瀝淅瀝下著雨，煙雨迷濛天雨路滑，怕我們不慎失足滾下海裡，當然更不行。

　　史黛芬妮要我們耐心等待，保證一定有機會到龍脊。還開玩笑說，如果哪天我們想寫一本關於圓島的書，可用一整章篇幅描述「去龍脊有多困難」（How difficult to get to the Dragon Spine）。我也跟著笑說，是啊我都想好了，第一章寫圓島的經營管理，第二章寫海象，第三章寫狐狸，第四章寫海雀海鳥，第五章寫野花，最後一章就寫橫斷步道和龍脊地形成因。其實若深入研究，上述每個主題都能個別寫成一本書。

　　等了整整五天。直到第六天下午，才終於從海蒂手中拿到許可和無線電，如願以償走一趟龍脊。

　　橫斷步道像「ㄇ」字型。前一段，坡度逾45度，非常陡，用登山杖撐著

往上爬，兩腿因用力過度，爬到後來竟不自主顫抖。中間一段平緩，但步道右側一瀉千里，萬丈之下就是大海，如有懼高症肯定腳軟。最後是之字形下至瘦稜底部，沒那麼驚險，但要留些力氣，以免下得去卻上不來。我本以為步道會下至龍脊盡頭的「主要海灘」，沒想到此步道終點離海灘仍有一段距離。但我們總算到過龍脊了。

原路折返，蔚藍的天早已濃雲慘澹。中途冒出一隻漂亮狐狸，忽前忽後，不時蹲坐步道，擋住去路。換在別處，我們就會陪牠玩捉迷藏。此刻山雨欲來，急急趕路，完全沒那閑情逸致。天空淅瀝淅瀝下起雨來，一路馬不停蹄，還好及時平安回到營區。

親自走過，才能體會駐守員每天輪流走橫斷步道去數「主要海灘」的海象，那田野調查有多麼辛苦。尤其當天氣惡劣，更是充滿危險。

左 _ 在圓島常能發現缺損的海鳩蛋殼，一看就知是狐狸的傑作。
右 _ 狐狸機靈敏捷神出鬼沒，萬丈深淵的陡峭地形都難不倒牠。

Special Friends In Alaska

真情流露的圓島日誌

翌日中午去報佳音，一見面就嚷道：「我們成功囉！」想來也好笑，不過往返龍脊一趟，講得好像爬上喜瑪拉雅峰似的。史黛芬妮和海蒂笑著直說恭喜。離開小屋前，為能「具體分享」完成橫斷的喜悅，我從口袋變出兩顆蘋果送給史黛芬妮和海蒂。她們一看到蘋果，滿臉驚喜的表情，綻放如陽光般笑容。

若換在城市，平常送禮絕不會想送兩顆蘋果。但在缺乏蔬果的島上，這種想買都買不到的禮物就顯得彌足珍貴了。她們在島上近四個月沒新鮮蔬果可吃，除非有人補給，每天食物不外麵粉、罐頭、脫水糧、速食麵等耐放食物，水果頂多是乾棗、杏乾、葡萄乾等。難怪她們看到新鮮的蘋果會這麼開心。

值得一提的是，史黛芬妮是很特別的素食者，她不吃一般超市賣的肉或是肉乾火腿等加工製品，只吃「天然野生的鮮肉」，譬如自己釣的魚或獵殺的鹿。問她為什麼？「因為我不知道那些家畜家禽到底被餵了什麼東西，而且現代飼養方式也很不人道。」她解釋說。

在圓島的日子，每天都覺得自己坐擁整個小島。大富翁比爾·蓋茲曾花大把金子包下一整座島，我們雖沒銀兩可揮霍，卻享有更罕見的自然美景。觀看海象相撲，欣賞海雀恩愛，目睹狐狸作賊，聆聽海濤擊岸。遇強風豪雨，躲進炊事棚泡茶K書，精神食糧享用不盡，心靈富足難以言喻。

不只我們有這般幸福的感覺。餐桌角落的小圖書櫃擺了一本「圓島日誌」，裡面密密麻麻留著各種不同的字跡，盡是前人來訪時親筆寫下的感想，字裡行間處處真情流露：

「我們正在度蜜月，而圓島是我們很久以前就一直夢想要來的地方。」

"We are on our honeymoon, and Round Island is a place we have dreamed about going to for a long time."

「三十年前第一次聽到圓島，三十年後終於來到這裡！」

（Finally got to Round Island 30 years after first hearing about it!）

上 _ 一對海鴿 (Pigeon Guillemot) 凝眸相視，心心相印。
下 _ 鸚哥小海雀 (Parakeet Auklet) 長約 25 公分，分佈於阿拉斯加和白令海峽。

「我們在托賈克等了三天壞天氣，現在也許還要再等三天才能離開圓島，不過昨天這裡一整天充滿了陽光，算是相當值得了。」

（"We weathered 3 nights in Togiak and may have 3 more here past our departure date, but the one day here yesterday–full of sunshine–is well worth it."）

「好幾天，我都聽到一種像是弦樂器的聲音，我本以為是懸崖峭壁的風聲，或者那聲音僅是我的想像。黛安告訴我那是海象所發出的；那是我所聽過最令人驚訝的聲音，誰會想到這樣的聲響竟是來自海象？」

（"For days I had been hearing a sound like a string instrument and I assumed it was the wind in the cliffs, or that I was imagining the sound. Diane told me that the walrus make the sound; it is one of the most amazing noises I've ever heard, and who would think such a noise would come from a walrus?"）

左 _ 海鳩是圓島數量最多的鳥類，官方統計每年夏天多達 15 萬隻。
右 _ 在礁石岸邊休憩的成群鸕鶿（Double-crested Cormorant）。

「在這裡每一天我都會問自己，怎能如此幸運，置身於如此美好之地？」

（"Each day I'm here I ask myself, how did I get so lucky to be in such a wonderful place?"）

「除了圓島，世上還有哪個地方可讓你坐在廁所裡看著海象從眼前游過？能夠在荒野中親眼目睹這些雄壯又好笑的生物，是我多年以來的夢想……」

（"Where else but Round Island can you sit in the outhouse and watch walrus swim by? It has been a dream of mine for many years to see these magnificent and ridiculous creatures in the wild …"）

「聽著海象從我帳篷下方游過的聲音聽到睡著，是我一輩子都不會忘記的情景。」

（"Falling asleep to the sound of walruses swimming by below my tent site is something I will never forget."）

「真的是讓人一生難忘的旅行…」

（"Truly the trip of a lifetime …"）

留言者會簽下姓名，日期，居住城鎮或國籍。我也見賢思齊，離去前一晚在圓島日誌寫下心得感言，感謝海象、海獅、海雀、海鳩、海鷗、狐狸、野花等島主們，感謝阿拉斯加漁獵局費心闢建這麼棒的營區，更感謝和善親切又認真盡責的史黛芬妮和海蒂，讓我們留下畢生難忘的回憶。真心希望在不久的將來能再重返圓島。最後，並不忘簽上「來自台北‧台灣」。

尊重我們的大地

離開圓島那天下著細雨。船灣又被上百隻海象盤佔著，我們只能從第二登陸區上船。史黛芬妮來營區說，保羅已在路上，再半小時就抵達，她和海蒂又幫我們把行李搬到礁石區。下雨加浪花，上下都是水，還好穿著雨衣雨褲和膠鞋。

遠遠出現保羅的小船。怕船觸礁，諾倫開著橡皮艇來接我們上船。風浪頗大，小艇不易靠岸，史黛芬妮和海蒂硬拉住舟繩，才把小艇拉攏岸邊。

海蒂幫我們穿上救生衣，邊說：「待會兒動作要快，一上小艇就蹲坐，免得翻船。我們可不想失去你們。」海浪顛撲中，抓著史黛芬妮的手順利跨進小艇，終於不得不說再見了。

「謝謝妳們，我們再寫email，一定要保持聯絡喔～！」想拍她們最後的寫真，橡皮艇卻晃得厲害，只能一個勁兒揮手道別。

從小艇坐上小漁船，保羅即啟程返航。史黛芬妮和海蒂仍站在岸邊礁石，目送我們離去。兩人各穿著橘色和藍色外套，身影愈來愈小，變成一點橘和一點藍，最後就都看不清了。

離情依依，真的好捨不得離開啊！

一回到托賈克村，小雨滴滴答答，很像我的心情。葛萊蒂絲開著小卡車已等在岸邊，半開玩笑說：「你們終於活著回來啦！」

「對呀，我們很幸運呢。」我說的是真心話。離下午班機仍有幾個鐘頭，

上 _ 圓島夏天生趣盎然，一隻飛蛾停在天竺葵（Northern Geranium）淡紫花瓣上。
下 _ 巧克力百合（Chocolate Lily），花瓣顏色真像巧克力。

　　　我可愛的海象們──無人島的經理

葛萊蒂絲把我們帶回家避雨取暖，還特地把暖氣開大，我都能感到背後傳來一股烘烤的熱流。

為了表示謝意，我把背包裡最後一顆蘋果送給她。葛萊蒂絲好高興，立刻切來吃，還說：「你知道一顆蘋果在這要賣多少錢，有時想買也買不到嗎？」我點頭表示了解。這地方靠海太濕冷，沒法種什麼蔬果，只能仰賴漁獵維生。每到秋天，村民可依傳統方式去圓島獵捕海象，每年有合理的捕獲限額。

「知道嗎，所有水果中，我最喜歡的是檸檬。」葛萊蒂絲邊吃蘋果邊說。在所有認識的人當中，她是第一個也是唯一把檸檬排在第一位的。

「為什麼呢？」我心想，好吃的水果那麼多，自己雖也喜歡檸檬，卻不致把它排第一哩。

「因為烤鮭魚要配上檸檬，才更美味好吃啊。」葛萊蒂絲毫不思索答道。

「其實，我們家後院就有一棵檸檬樹喔……」我忍不住說。

「真的，有檸檬樹？多幸福啊！我們這邊根本無法種植……」她一臉羨慕的表情。

我一時無言以對。說來汗顏，之前從不覺得檸檬稀奇，寧願前任屋主種的是其他果樹如杏桃、枇杷、或櫻桃。直到聽了葛萊蒂絲的話，才發現自己有一株檸檬樹，原來可以變得如此珍稀。

「世上最珍貴的，不是得不到或已失去，而是已擁有的。」葛萊蒂絲教我體會了這句話的真諦。那之後，每當深秋檸檬成熟時，我總會想起葛萊蒂絲，並寄上一小箱檸檬讓她歡慶聖誕。她每次收到都好開心，來函直說"quyana"，愛斯基摩語就是「謝謝」的意思。

身為老師，葛萊蒂絲還送我一張教學海報做紀念，背景圖片正是圓島的象牙海岸。海報上用優匹克族語言，寫下愛斯基摩人尊崇的傳統價值，我注意到最上面一句是Qigcikluku nunamta atullerkaa，底下有一行英文註釋著："Have respect for our land and its resources"，譯成中文就是「尊重我們的大地及其資源」。（註）

左＿極地罌粟花（Arctic Poppy）高約二十公分，花色如檸檬般鮮黃。

右＿此淡紫野花稱為"Tall Jacob's Ladder"，十餘公分高，花姿優雅婀娜。

下＿美麗的藍色勿忘我（Forget-Me-Not）是阿拉斯加的州花。

Chapter 2
我可愛的海象們──無人島的經理

　　看到這一句，心裡莫名感動，頓時眼眶都濕了。

　　我不禁想到電影《阿凡達》。在如此嚴寒環境，生存不易，優匹克族仍把「尊重大地」擺在傳統價值第一位，那是他們祖先留下的千古智慧，對大自然常懷感恩，取之有道。而曾標榜人定勝天的西方世界今日高舉「永續經營」旗幟，卻是在大自然反撲、歷經生態浩劫之後才有的反思。文明與野蠻不過一念之間，到底誰較文明，誰較野蠻，從能否善待大地與萬物生靈來看，便昭然若揭。

偏遠的圓島，天氣變臉像翻書，雨多而風強。

螺旋槳小飛機終於來接我們回家了。駕駛員有著東方臉孔，也是葛萊蒂絲的親戚。臨別之際，我抱了抱葛萊蒂絲，要她好好照顧自己，別再跌倒了。並說，我們會再回來看她的。

　　圓島，那遙遠的無人島，奇特的象牙海岸，孤絕而美麗。溫暖的友誼和可愛的野生動物，令人一輩子永難忘懷。

【註】

海報上印著布里斯托爾灣的優匹克族所尊崇的傳統價值，依序如下：

【Bristol Bay Yup'ik Values】

Qigcikluku nunamta atullerkaa
Have respect for our land and its resources

Ikayurtarluten yuullgutevnun
Be helpful to one another

Iuvqakiaqluten-llu yuullgutevnek piyugaaqavet
Share possessions and knowledge with honor

Qigcikluki-llu yuullgutvet cautait
Respect other people's property

Agayumaciq-llu qigcikluku
Respect spirituality

Pissuryaraq ayanillerkaq-llu yuilqumi elitnaurutkaqluku
Teach and learn outdoor survival and hunting skills

Ilaten-llu angussaagucimaluki kesianek caiturcetevkenaki
Provide for and take good care of your family

Irniaten-llu kenkellerpeggun qigcikluki
Through love, respect your children

Qigcikluki-llu ciulirneret qanruyutait
Respect your Elders' wisdom and knowledge

Caurailngarpeknaci pingnatugturluci
Always trying, never without

Elitnaurluki, tegumiaqluki umyuaqegcitekluki-llu Yupiit piciryarait
The Yup'ik way of life is to be taught with pride

由多條冰河匯聚而成的「露絲圓形露天劇場」（Ruth Amphitheater），地形壯闊。

北美最高峰——
露絲冰河的故事

星野道夫的一段話

最初會想去那兒，只因為看到星野道夫所寫的一段話：

「每年三月，我與學生時代的夥伴們，一起帶著15名小學到高中的日本孩子，來到阿拉斯加山脈的盧斯冰河。搭乘單引擎小飛機越過夾在陡峭岩壁或冰壁之間的冰河，降落在新雪上，再氣喘吁吁地登上無人的山中小屋。」

星野道夫是已故的日本國寶級攝影家，也是好友蓋瑞的故友。這段話即摘自他的遺作《在漫長的旅途中》，我很喜愛這本書，擺在床頭，不知翻閱多少遍了。

我知道他提到的「盧斯冰河」英文是 "Ruth Glacier" —— Ruth是女子名，譯為「露絲冰河」會恰當些。該冰河在迪納利國家公園（Denali National Park），位於北美最高的麥肯里峰（Mt. McKinley，又譯為麥金利山）東南側。

可那個冰河，怎會有小木屋呢？而且星野道夫還寫著，每年都帶著十幾位日本小朋友飛到冰河小木屋去觀賞極光？

就我理解，在國家公園保護區內，不太可能容許任何人蓋屋。即使真有小木屋，通常僅供研究人員使用，一般是不會對外開放的。

忍不住上網查證。原來露絲冰河真有個山屋（Don Sheldon Mountain House），是阿拉斯加著名的僻地飛行員唐‧歇爾頓在半世紀前蓋的。1980年國家公園擴充版圖，山屋被劃入保護區內，才成為公園內一塊特定私有地，目前由阿拉斯加登山學校經營管理。

查到山屋所在，立刻寫信問好友蓋瑞是否去過。蓋瑞回函說 Yes，他在1992至1994年去過露絲冰河三次，還說生平所見過最美的極光就在那兒拍到的。後來結婚生子養家餬口，一晃眼，那已是近二十年前的事了。

雖然心嚮往之，但山屋向隅者眾，非常難訂，礙於高山雪況、極地日照、和嚴寒氣候等因素，山屋開放時間每年僅四個月，通常在一年前就須預約。

我們原本排候補，有一隊伍取消才得以遞缺，真的很幸運。問蓋瑞有沒有興趣共襄盛舉，他欣然應邀同行。

春分三月，再度來到阿拉斯加的費爾班克斯。別處已春回大地，此城仍覆滿白雪。戶外是華氏零下十幾度的氣溫，吸一口冷冽空氣，冰澈心肺。日照則「回復正常」，太陽在晚上八九點才下山，耀眼的金色光芒為冰寒北國帶來無限生機與暖意。

坐蓋瑞的野營車南下，疾馳於阿拉斯加縱貫南北的公園道路(Park Hwy)。這條路我們走過數回，沿途所見景色若非夏綠，就是秋黃，卻不曾見過這般銀白雪景，彷彿來到另一個從未踏訪的美麗新世界。

夕陽餘暉中，從塔基特納小鎮望向北美最高的麥肯里峰。

真誠樸實的愛山人

三人來到塔基特納空中計程車(Talkeetna Air Taxi，簡稱TAT)辦公室，牆上一側掛滿襯衫、帽子、明信片等觀光紀念品，大多印有「阿拉斯加」字樣。我們計畫在TAT免費提供的通舖投宿一晚，翌日再搭小飛機到露絲冰河。

「你們終於及時趕到了，歡迎歡迎！」掌櫃安妮(Annie Duquette)從屋後走來，親切微笑招呼。然後誠懇說明，因為攀登季節到4月才開始，目前通舖尚未啟用也沒暖氣。

「如果你們不介意的話，就在這間辦公室打地舖吧，後面小廚房有熱水，還有一間乾淨的浴室，住起來會比較溫暖舒適。」她說只要晚上記得把前門鎖起來，從後門進出，就不會有問題了。

我心想：「哇，這麼大方，讓人在辦公室打地舖？可屋裡這麼多值錢東西，應該要收起來吧?!」

結果安妮下班跟我們微笑說掰掰，就走人了。留下一屋子的觀光貨品。

「難道他們不怕客人順手牽羊麼？」我們當然碰都不會去碰。但我不得不對TAT對顧客的放心與信任，感到有些匪夷所思，甚至有點兒受寵若驚。別說在美國近二十年，即便在世界觀光品質一流的國家如日本或紐西蘭，也從未遇到這麼信賴顧客的掌櫃。

「寒冷，溫暖人的心情；距離，拉近人的心靈。」在冰天雪地的阿拉斯加更能體會此話的真諦。

安妮離開前還拿了紙筆給我們，指著櫃檯旁的磅秤客氣地說，晚上有空請先將行李過磅，他們會按總重，再請駕駛安排看開哪架小飛機比較安全。

須過磅，因為螺旋槳小飛機載重能力有限，規定每人行李限重125磅，超過就另外計費，多一磅加一美元。因為行李愈重，需載容力較大的飛機，相對也會耗費更多燃料。

以前都由地勤人員秤重，頭一遭自己來。三人合力將裝備一一過磅，共365磅，低於上限375磅，但蓋瑞從家裡帶來的薪柴還沒秤。結果六捆薪柴共188磅(約85公斤)，比多載一個人還重！

等於為了帶薪柴，我們須多付180美元——台幣五千多塊的托運費。我不

左 _ 小飛機輪底須加裝特製滑雪板，才能在冰河上安全起降。

右 _ 起飛前，請駕駛李察幫我們三人留影。

Chapter 3
北美最高峰——露絲冰河的故事

禁伸了伸舌頭，但蓋瑞語氣堅定說，為了生火取暖，這些柴是必須的，到時我們一定不會後悔。

翌日安妮回到辦公室，我們遞上那張寫好磅數的紙。安妮接過紙頭說謝謝，便開始計算。她怎麼對我們如此信任呢？如果我們不小心秤錯或寫錯磅數呢？「一切以客為尊」，他們真把這精神發揮得淋漓盡致了。

後來才知道，謙和有禮的掌櫃安妮，其實是一位不簡單的人物，她之前曾擔任麥肯里峰的基地營主管(Base Camp Manager)長達十年之久，在美國曾接受各報章雜誌訪問報導，也曾上過電視。每年攀登季節，要花幾個月時間長期駐守高山冰河上，日曬風吹雪打。安妮後來結了婚，才轉任TAT掌櫃。

能長期擔任這項艱辛任務，住高山冰河帳篷裡，對充滿挑戰的冰凍環境處之泰然，我想，除了堅強的意志和體魄，具有樂於助人的赤子之心，最重要的，是能對一無所有的生活甘之如飴吧。

而安妮給人的感覺，正是這樣一位真誠樸實的愛山人。

飛向露絲冰河

停機坪就在TAT辦公室後方，開闊平坦的雪地停了好幾架單引擎螺旋槳小飛機。我注意到小飛機的輪底都加裝一種特製金屬滑雪板，那是為了在冰河上安全起降的必備裝置。

啟程前，還要辦一件很重要的事，就是到鎮上的國家公園服務處報到，填註冊表格並領取CMC。CMC是Clean Mountain Can簡稱，是特製的塑膠圓桶。桶內套上塑膠袋，加個密封蓋，就變成「活動式迷你馬桶」。凡在阿拉斯加山脈冰河地區從事登山攀岩露營活動者，均需使用CMC以維護山岳環境衛生。

解說員特別說明，CMC是專門上大號（排糞）用的。為什麼呢？因為在

左 _ 生平首次坐上副駕駛座，還好什麼都不用做。
右 _ 北美最高的麥肯里峰，露絲冰河從其東南側蜿蜒而下。

　　那麼寒冷的高山上，糞便難以分解。若在冰河上用「掩埋法」，待天氣轉暖，表層冰雪融化後，藏在薄雪下的糞便將「原形畢露」。可以想見，那赫然出現「遍地黃金」的情景多麼不堪入目，更遑論衛生堪虞了。

　　從小鎮就能看到麥肯里峰。「雖然從塔基特納出發只有短短三十分鐘飛行時間，如果天候惡劣，可能就算等上一個星期也不見得可以進去。」星野道夫曾寫道。這也是最讓人擔心的事，螺旋槳小飛機全靠目視，若遇能見度差的壞天氣，只能望山興嘆，痴痴等天晴了。

　　蓋瑞也說，他就曾在露絲冰河遇到連續幾天的暴風雪，降下積雪逾一公尺深，小飛機根本無法飛行。他那次與同伴被迫在冰河多待整整4天，處境苦寒，幸好攜帶足夠的預備糧。

露絲冰河以每天一公尺速度移動，冰體向下擠壓而出現褶皺。

因此，出發清晨當我看到窗外一片晴空萬里，竟有點兒不敢相信運氣竟會這麼好。

　　李察(Richard Olmstead)是TAT首席駕駛，協助我們把所有行李搬上狹窄機艙。我把最後一樣東西，提在手上的一盒新鮮雞蛋遞給他說：「這個有地方放嗎？」李察一看是雞蛋，搖搖頭打趣道：「這盒蛋，我不能保證不會破，也不敢保證飛到冰河上不會結冰喔⋯⋯」「沒關係，蛋破了或結冰，一樣能煮來吃啊。」我笑說。

　　女士優先，自己生平首次坐在副駕駛座上，感覺很新奇。引擎轟隆隆響，在冰面上滑行，一陣馬力加速，倏地衝上半空。望向前方地平線，連綿廣袤的阿拉斯加山脈，聳立著海拔6196公尺北美最高的麥肯里峰。底下由地勢平坦的苔林河谷，漸漸成為嶔崎起伏的壯闊山脈。

　　360度清晰視野，冰封世界一覽無遺。我想到已故的美國自然攝影家Galen Rowell。他擅長山水寫真，亦是攀岩和滑雪高手，在1978年曾和朋友用雪橇拖著裝備，以越野滑雪的方式(cross country ski)走到露絲冰河山屋。心下不禁佩服，要橫越這綿延廣袤的山岳冰河，需具備多強健的體能和精進技術啊！

　　飛行途中，見李察一度放開駕駛盤，兩手拿起相機拍照，讓人感到詫異又有趣。開小飛機可暫時不握方向盤，是能理解的。但他在這阿拉斯加山脈已飛行將近二十年，此區壯闊的景色應已拍過無數，怎麼還會想拍而且還拍得這麼認真呢？

左 _ 在此山區飛行近二十年的駕駛李察都忍不住拿起相機拍照。
右 _ 大山峽岩峰由堅硬花崗岩構成，自露絲冰河拔高將近一千五百公尺。

或許這般晴空萬里，實在太難得了，連覷膩的李察也沒能抗拒這般美景的誘惑吧！

穿過大山峽

　　露絲冰河全段最著名的，莫過於名聞遐邇的「大山峽」(Great Gorge)。半個多世紀前，美國波士頓科學博物館創始人——著名的登山攝影探險家兼地圖繪製家布萊德佛・華詩本（Bradford Washburn）在1955年帶隊在露絲冰河進行地圖繪測拍攝工作時，曾這麼形容該區地形景觀：

　　「一個人須親眼目睹，才能體認阿拉斯加山脈最美的景觀有多麼壯闊。東邊是糜鹿齒山，西側是迪克山及其支系，在我看來，它們造就此處成為北美最雄偉凜然的高山峽谷。事實上，這是我所見過的高山峽谷中，最壯麗的一個地方。」

　　華詩本是最有資格下這註腳的人。他從1945至1960年花了15年探勘阿拉斯加山脈，並在1960年出版美國第一本有關阿拉斯加麥肯里及附屬群峰全方位地形圖。現今國際登山界耳熟能詳的「西稜」(West Buttress)傳統路線，便是他在1951年首攀成功所開闢的、最短也最安全的路線。

　　華詩本進一步說明，露絲冰河周圍山峰，特別是冰河峽谷東邊及西側迪克山鄰近群峰，從四千英呎的峽谷底部拔聳五千英呎高——亦即從海拔一千二百公尺冰河表面，再拔起一千五百公尺，其近乎垂直的懸崖就像亞歷桑納州的大峽谷（Grand Canyon）那般深峻。

　　「如果有人能把露絲冰河全部的冰雪從這一英哩寬的峽谷底部移除，這整個冰河峽谷的最深處，甚至比大峽谷還要深一千英呎。而這整個山峽都由冰、雪構成，加上壯觀的花崗岩懸崖，真是令人無比心悸的景色。」華詩本如此描述。（註）

　　若非親見，一定覺得古人語不驚人死不休，總愛誇大其詞。直到我們飛進露絲冰河的大山峽，才知道華詩本沒在誇張。我睜大眼睛，搖著頭不敢相

左 _ 飛進露絲冰河上源，近看大山峽陡峭的垂直岩壁。
右 _ 露絲冰河的「露天圓形劇場」，圖中凸起稜脊即山屋所在。

信。千真萬確、難以形容的美，彷彿來到一處化外仙境，不似在人間。

出發前，文堯曾藉由3D數位地圖觀察露絲冰河地形，發現山屋位於冰河源流的「歇爾頓圓形露天劇場」(Sheldon Amphitheater)，附近匯聚了約莫二十條大小冰河。電腦螢幕的立體圖像，足以讓人歎為觀止，但我萬萬沒想到，一走下小飛機，望向西北，北美最高峰就在直線距離不到十英哩的地方，露臉微笑迎接我們。感覺上好近，似乎一蹴可幾，怎不令人感到意外驚喜呢？

將機艙所有行李卸下，李察揮手道別，發動引擎轟隆隆離去。如果天氣許可，一週後會來接我們。偌大寂靜的冰雪世界，只剩我們三人，還有雪地上堆積如山的五百多磅裝備。

站著不動，便覺得冷。見山屋佇立在高高岩脊上，開始當挑夫兼熱身，用雪橇分批運載，把行李一件件往上拖。

雪很深，一踩下去，整個腳常陷進雪裡。這麼一踏、一陷、一拔腳，就多耗兩倍力氣。再加上坡顛簸，行李受重力拖引，常「自動」滑出雪橇外，就得回頭重新載貨。山屋看起來很近，走起來卻覺得好遠。原本估計兩小時把行李搬完，結果三人合力，不停往返搬運，兩個多鐘頭下來我們只把所有行李搬到半山腰處。

從半山腰到崖頂，是一串狹窄冰階，無法用雪橇，只能把行李一件件揹扛上去。冰冷稀薄的空氣，搬得又飢又渴又累。蓋瑞體能比我們好，還開玩笑說明早起床會全身筋骨酸痛，幸好他有帶止痛藥。

從冰河到山屋，有一段蠻長的上坡路。

六角山屋，五面大窗

　　氣喘吁吁爬上山屋，迫不及待一窺堂奧。我驚喜地發現從山屋每一扇窗望出去，都是一幅絕美的冰河奇景。坐在屋裡足不出戶，就能看到北美最高峰聖潔莊嚴地佇立窗外。真是太奢華的視覺享受了！

　　山屋呈六角形，直徑約四公尺，中央有一暖爐，一面門，五扇窗。其中四面窗台下方置放一張狹長板凳，約一只睡袋的寬度長度，是吃飯休息和睡覺的地方。屋內琳琅滿目應有盡有，之前來訪的善心人士把吃不完的食物、用不完的燃料，不想帶走的廚具器皿和衛生紙都留下來。大概擔心暴風雪來襲被困在屋裡會太無聊，架上竟然還有大富翁、排字遊戲、西洋棋，還有一疊書籍雜誌有如迷你圖書室，頓時讓山屋「蓬蓽生輝」有了精神文化內涵。

　　山屋內讓人感到無比溫暖富足。走到山屋外，其居高臨下的位置，更是得天獨厚。向四周望去，壯闊的露絲冰河和環恃雪峰一覽無遺。難怪華詩本

從露絲冰河看北美最高、海拔 6194 公尺的麥肯里峰。

1955年進行地形勘測，會以此據點為基地營，也難怪屋主唐・歇爾頓在此區未被劃入國家公園時，便把山屋蓋在這座岩脊上。

安身立命首要之務，是解決如廁問題，讓CMC適得其所。離山屋不遠處有間outhouse，即古人慣稱的茅廁，和山屋隔著一道瘦稜。我們依管理單位提供的解碼把茅廁的鎖打開，內部非常乾淨，是用木板構築的座式馬桶。門邊角落積著殘雪，聞不到絲毫異味。蓋瑞笑說，那是因為糞便一離開人體，在這華氏零下的環境立刻冰凍起來，也不會分解，當然就不會有味道了。

把 CMC放入馬桶中央圓洞槽，套上一個塑膠袋，廁所就做好了。兩位男士先行離開，讓女士優先使用。我的心得是，坐那馬桶座，如同坐在冰上，感覺都快凍僵啦。境隨心轉，就換個角度想：在這冰河上，每天辦大事能有遮風避雨的地方，已經很感恩了。

不久便發現，蓋瑞如廁都開著門。也不怕人看到，因為山屋只能看到茅廁側面，門開著，表示裡面有人，另外兩人就會禮貌避開。也來見賢思齊，發

坡度陡的地方，雪橇版無法使用，行李就得用揹的。

覺茅廁的門正對著崢嶸峻峭的雞冠岩峰（Rooster Comb），峰底嵌鄰著冰晶玉潔的露絲冰河，好美。文堯後來還發明一個很棒的方法，就是把用過的暖暖袋墊在冰凍的馬桶座上。之後每次辦大事就能「從容愉悅地」欣賞眼前的十星級景色，感覺更加幸福了。

山屋並非家徒四壁一無所有，但「沒電沒水」倒是真的。我們在山屋旁選一處乾淨雪坡，做為日後水源區。用杓舀一大鍋雪，升爐火融雪。五加崙的雪，可融成一加崙的水。白雪取之不盡，自此每天都有源源不絕的民生用水，日常飲水和炊煮均不成問題。

露絲冰河位於北極圈以南，太陽會下山。暮色低沉，戶外溫度顯著降低。三人晚餐吃得很簡單，煮個登山脫水糧配味噌海帶湯，幾顆甜棗當飯後水果兼點心，再喝杯熱茶，就非常飽足了。

左 _ 山屋大窗上映著附近環伺的高山與冰河。
右 _ 暮色低沉，一直要到晚上十點以後，天色才會暗下來。

華氏零下20度，守候極光

「忘了帶溫度計，不曉得外面氣溫有多低？」蓋瑞看著窗外漸暗的天色說。

「我說不定有帶，來找找看……有了，在這裡。只是不確定它有沒有壞呢？」我有個鑰匙般的小溫度計，每次看水銀刻度都不會變，棄之可惜，就掛在相機袋當裝飾。還好沒丟。

「太好了！把它掛在門外，待會兒就知道會不會工作。」文堯邊說邊把溫度計掛到門邊的鐵釘上。

晚上九點多，從茅廁走回山屋，順便用頭燈照了一下溫度計。「哇，真的假的？溫度居然降到華氏零下五度了耶！」我大驚小怪跑進屋裡跟兩位男士報告氣溫。原來溫度計沒壞，水銀刻度真的下降了。

華氏零下五度，約等於攝氏零下二十度。而且愈晚愈冷，溫度將持續下降。

蓋瑞起身弄暖爐。他特地帶把斧頭上山，就為了砍柴生火取暖。在北國住了三十年，劈柴身手果然不同凡響，羽扇綸巾談笑間，一斧砍下，薪柴應聲劈裂，看得想鼓掌叫好。蓋瑞謙虛地說這沒什麼，只要練習一萬次，不，應說「花一萬個小時練習」，任何事都會變得易如反掌。

「我用這把舊斧頭斷斷續續的劈一些樹根殘幹……這些樹根將溫暖我兩次：一次是當我用斧頭劈時，另一次是在火爐邊，因此沒有別的燃料能發出更多的熱。」看蓋瑞彎腰砍柴的身影，想到梭羅這段詩意的話。暖爐在木屋中央，爐裡添了柴火，熊熊火光劈哩啪啦響，屋內頓時溫暖起來。彷彿圍坐一堆營火旁，氣氛浪漫很有fu。

約到晚上十點半，天色才全黑。繁星點點閃爍，佈滿整個夜空。像華麗的黑色絨布鑲滿了無數晶晶亮亮的鑽石，美得不可思議。「這輩子從沒看過這麼多、這麼密的星星，真的好美哦……」我忍不住讚嘆道。

三人均無睡意，不時盯著北方星空。因為我們千里迢迢來此，最主要是想拍攝極光。熬到半夜快兩點，北方天際終於出現一道淡綠光芒。

「啊，極光出現了！」三人不約而同，迅速穿上雪褲、雪靴、羽絨外套，戴上兩層手套，帶了暖暖包握在手心，再拿起相機和腳架到屋外準備拍攝。

從溫暖的木屋出來，心情亢奮，剛開始不覺冷。但手指隔著兩層手套很不容易操作相機，又忘了帶快門線。看極光不住變幻，常一時性急，脫了手套按快門。幾根手指暴露在零下不知幾度的氣溫，才一兩分鐘，指尖猶如針扎

天際一道綠色光芒，預告極光彩舞即將上映。

般刺痛，漸漸凍麻不聽使喚。趕緊戴上手套握著暖暖袋。之後索性設定自動拍攝功能，讓相機定時攝影，免得手指凍傷。

　　戶外站太久，冷得受不了，就回山屋取暖。覺得暖和些，再出去拍攝。約凌晨四點，特地看了一下溫度計，水銀已降至最低刻度──華式零下二十度，約等於攝氏零下三十度！如果還會更冷，我們也無法得知溫度到底降至零下幾度了。

　　還好帶了薪柴上山，屋內的爐火整晚不曾熄滅。至此終於明白，為何蓋瑞寧願多付那昂貴的運費，堅持把總重逾180磅的六捆薪柴帶上冰河。

　　此後我們寧可犧牲睡眠，每天熬夜等待極光。痴痴期待老天在那不可思議的燦爛星空中，大筆揮畫神祕詭譎的寰宇色彩，那帶點兒鮮綠的、有時染上紅暈的、猶如生命體般、變化莫測的奇幻光芒。

　　待拍完極光，就寢時往往已是黎明前。睡一兩個小時，待曙光初露，趕忙起床拍攝日出。晨曦中的麥肯里峰，那被渲染的粉紅玫瑰光澤，和極光綠色光芒一樣具有難以言喻的美。雖然為了拍攝，作息幾乎日夜顛倒，但只要能捕捉到瞬間即逝的自然美景，一切都值得了。

僻地飛行員「唐‧歇爾頓」

　　我們住的小木屋，是阿拉斯加傳奇人物——僻地飛行員（bush pilot）唐‧歇爾頓留下的。山屋建於1966年，是歇爾頓飛行往返多趟，親自用小飛機載運所有建材，聘請塔基特納小鎮當地兩位蓋屋好手興建而成的。

　　六〇年代仍是阿拉斯加「自耕農場法」實施年代，只要開拓一片荒野，蓋上房子居住，就變成自己的土地。歇爾頓就在那樣的時代背景，選上這個景觀極佳的地點，蓋了小木屋。木屋外表並不起眼，但以避難小屋標準，光那五面明亮大窗，就稱得上是獨具匠心的精巧建築。能以「實用」和「景觀」為造屋最優先要件，又能把小木屋蓋得如此堅固而樸素，歇爾頓應該也是一

有時極光還會帶著紫紅光暈，算是較為罕見的。

位熱愛自然、簡單樸實的愛山人吧！

　　對這位傳奇人物生平有較多的瞭解，是讀了《唐・歇爾頓的故事—與風搏命》這本傳記，由他的好友詹姆斯・葛雷納（James Greiner）撰寫，1974年出版，翌年歇爾頓便病逝了。上山前蓋瑞特地從書架把書找出來說：「要去歇爾頓山屋，這本書你們應該要讀。」

　　這本傳記相當好看。描述歇爾頓生前很多不尋常的、有驚無險的飛行事蹟，深入淺出介紹螺旋槳小飛機的飛行特性，附帶描繪半個多世紀前、比今日更荒僻的阿拉斯加，以及二十世紀初期至中葉北美最高峰的攀登史，因有多支登山隊伍均由歇爾頓負責載運支援。作者行文間常穿插幽默風趣的訪談對話，把歇爾頓的話如實記錄下來，感覺就像是歇爾頓親口述說這些故事。

　　唐‧歇爾頓生於1921年11月21日科羅拉多州的莫里森山（Mt. Morrison）兩歲時，隨父母遷居懷俄明州經營小牧場，因此從小具備勤勞苦幹的牛仔精神。最近的學校在八公里外，他便和姊姊一起騎馬上學。農牧業常受暴風雪襲擊，同時培養他一生對大自然的巨大力量都懷著敬畏與尊重之心。

　　父親不幸在歇爾頓八歲時過世，母親也在他十二歲離開人間。姊弟分別由親戚收養，歇爾頓十三歲暑假就到鋸木場打工賺錢。十七歲高中畢業，因為聽了太多阿拉斯加的故事，那兒資源豐富又可能淘金致富，他決定隻身前往「最後的邊疆」闖蕩。

　　1938年的安哥拉治是個僅有2500人口的小鎮，街道多未鋪上柏油，也未受惠於二次世界大戰因軍事戰略地位而促成的新興發展。歇爾頓到處打零工，當過送貨員、鋸木工、修築跑道的技工。在那些日子裡，每當有飛機飛過，總激起他對未來的無限想像。他十分仰慕那些飛行員，曾說：「在我看

上 _ 在麥肯里峰和丹比爾山上空，漫天跳竄飛舞的極光。
左 _ 山屋內有四條長板凳，是座椅也是睡覺的地方。
右 _ 木屋正中央有一個小暖爐，可自備薪柴生火取暖並融雪。

來，他們好像從火星來的，我所能想到的是，在這沒有道路的地方開飛機旅行，遠勝於穿上一雙雪鞋走路而把自己累斃。」

1940年歇爾頓到阿拉斯加大學註冊上課，只上完一學期，便因存款不夠而輟學。其實他真正想做的是學開飛機，那年秋天一存夠錢，他便到安哥拉治的拉森飛行學校（Larson's Flight School），如願以償開始學習飛行。

1941年12月，日本偷襲珍珠港，美國對日宣戰，歇爾頓立刻對自己設定三大目標：第一，拿到個人飛行執照；第二，做完他答應上司的工作；第三，開戰鬥機從軍報國。

他果然一一完成目標。1942年1月4日拿到執照，該年秋天完成跑道工程，他即向「民用飛行員訓練團」毛遂自薦，通過測驗，被派到亞利桑那空軍基地上了六個月工程師速成班。就是這段紮實的訓練課程，讓歇爾頓不但成為空軍炮手，也成為引擎力學專家，懂得如何修理飛機的液壓和電氣系統。接著被送到英國參戰，服役期間因表現卓越，還被授與「飛行優異十字勳章」（Distinguished Flying Cross）。直到1945年10月戰後除役才返回美國。

歇爾頓接著用兵役積蓄標買一架被空軍淘汰的小飛機，自行整修一番，便駕著它飛到賓州威廉斯波特技術學院（Williamsport Technical Institute）註冊上學，並於1947年2月25日獲「機體與引擎評級」結業證書。

1948年7月，歇爾頓用他年少的夢想也是後來最喜歡的方式，開著小飛機一路「飛」回阿拉斯加。不久便在塔基特納定居，並和好友合作成立「塔基特納航空服務」（Talkeetna Air Service），開始他一生飛行事業。來到阿拉斯加的登山探險家、攝影家、觀光客、自耕農、釣客、獵人、礦工等，都是他服務的對象。

讀完他年少故事，已經覺得很不簡單了。很多人一輩子可能都無法達成的心願，孤苦無依的歇爾頓卻全靠自己的努力，年紀輕輕就一一實現夢想。

但令人動容的精采故事，是在後頭。

極地冰川登陸專家

對歇爾頓影響很深的貴人之一，是先前提過的布萊德佛·華詩本。他是哈佛登山社成員，自1920年代到1950年代曾首登多座阿拉斯加高山，並嘗試新的攀登路線，最著名的首推麥肯里峰西稜傳統路線。他在24歲取得飛行執照，29歲創立「波士頓自然博物館」，從35到50歲花了十五年繪測麥肯里

峰山脈地形圖，是最先藉由「空中攝影照片」分析地形並應用於山岳攀登路線規劃的先驅探險者。

歐爾頓第一次見到華詩本是在1951年8月1日。那年他快30歲，飛行事業才剛起步，而41歲的華詩本已是世界知名的登山探險家，對於山區飛行、航空通訊、空中補給、山岳攀登和地形研究已累積了近二十年資歷。歐爾頓一見到他，就喜歡這位謙恭有禮的紳士，華詩本也對這位年輕人真誠的態度、精確的飛行技術和用心保養的機群留下深刻印象。

那時華詩本地圖繪測研究計畫已進行六年，他需要一位能隨時支援、長期參與這項計畫的飛行員。歐爾頓當然一口答應。接下來幾年，華詩本亦師亦友，成為他在山岳冰河領域的導師，也成就歐爾頓日後無法逆轉的、高風險的飛行人生。

左 _ 茅廁的門正對著雞冠岩峰和露絲冰河，十分賞心悅目。

右 _ 山屋和茅廁分開，兩者之間隔著一道瘦稜。

Chapter 3
北美最高峰——露絲冰河的故事

在高海拔冰河山區飛行，最具挑戰性的莫過於「冰川登陸」（glacier landing）。尤其像螺旋槳單引擎小飛機一切端賴目測，飛行性能又深受海拔高度、空氣密度、氣溫、濕度、風速和風向的影響。在白茫茫的冰雪地降落實已不易，還要對抗山區瞬間風起雲湧、變化莫測的詭譎氣候。

首次在小飛機輪底裝置木製雪板，並成功降落冰河的飛行員，溯自1932年喬伊‧克羅森（Joe Crosson）。歇爾頓雖非第一個發明使用雪板者，但在參與計畫那些年，無疑開啟他雪地教育課程，大大增進他在冰河起降的飛行技術。

問他首次在冰河著陸的心情，歇爾頓說：「嘿，其實沒啥大不了。我已知降落之前須先看清楚，而且要趁光線好的時候。降落坡面的傾斜度要夠，因此當著陸後，冰河的上傾坡度能讓飛機慢下來，下傾坡度要能協助飛機起飛。冰面要平坦，沒有裂隙，

上 _ 山屋建於 1966 年，圖中為茅廁，像冰窖卻相當乾淨。
下 _ 飛機滑雪板形狀像走路用的雪鞋，原理亦相似。

而且有足夠空間讓小飛機迴轉。知道這些，我就這麼去做啦！」

除了支援華詩本，歇爾頓在1953至1958年間與華詩本的朋友海基特少校（Major Willaim Hackett）合作，飛到海拔三千多公尺冰河進行「嚴寒氣候的陸軍裝備」測試研究，並在1956至1957年支援美國地質測量署米勒博士（Dr. Maynard Miller）的油頁岩探測研究，在阿拉斯加最大的白令冰河（Bering Clacier）登陸不下五十次，未曾失誤。這些經驗讓他臻於「博士後」專業水平，終成為一位出類拔萃的冰川登陸專家。

阿拉斯加天氣說變就變，為了完成載運任務，歇爾頓曾多次被迫在風雪交加、能見度差的冰河上降落。但我覺得最了不起的，並非他的技術精湛，而是歇爾頓常不顧自身安危去搶救性命垂危的人。

兩位雪攀者彼此用傘帶綁在一起，理論上若有一人失足，另一人可援救。

例如1955年歇爾頓飛進魔鬼峽谷（Devil's Canyon），發現一陸軍巡邏船因觸礁解體，八位士兵受困於深峻峽谷。他當時開的是水上飛機，冒著可能觸礁的危險，在湍流中往返數趟將落水士兵們一一救起。陸軍特地頒發獎狀，褒揚他英勇救人的可貴精神。

類似故事不勝枚舉。最驚險的一樁，應是1960年5月的山難救援事件。

麥肯里峰「最高海拔機場」

北美最高的麥肯里峰在1913年6月7日由沃爾特·哈珀(Walter Harper)等四人寫下首攀記錄。到了1960年，麥肯里峰已成為眾所皆知之地。歇爾頓在短短幾個月的攀登季節，常得支援十五支以上的登山探險隊。

這些來自世界各地的好手為能在登山史留名，須設法開闢新的攀登路線或創下值得炫耀的紀錄，譬如「在最短時間內攻頂」──由約翰·德伊(John Day)四人組成的便是這麼一支隊伍。他們在5月13日一早由歇爾頓載至海拔10,200英呎（約3100公尺）登山起點，立刻啟程攀登西稜路線。為節省時間，連搭建「基地營」都省略了。歇爾頓在四小時後飛回山區支援另一隊

有些冰河裂隙不易辨識，要很有經驗才能橫渡這麼寬的冰河。

伍時，驚訝地發現他們四人以每小時爬升250公尺的驚人速度向上推進。果然，5月17日晚上七點多他們就成功登頂，前後僅用了四天半時間。

但要締造紀錄，得成功下山才算數。或因天色已暗，當晚十一點多他們通過一處峭壁時，不慎失足，四人像一串粽子一起掉落150公尺陡坡，被困在海拔5200公尺雪崖。四人均受傷，動彈不得，而且連個帳篷都沒有。

當時附近有另一支來自安哥拉治山協的隊伍，看到德伊四人墜崖，即伸手協助，幫他們搭一頂臨時帳，並在5月18日清晨用無線電請求山難救援。其實安哥拉治隊伍本身也遇到難題，隊員海嘉‧貝丁(Helga Bading)女士正虛弱躺在海拔5000公尺的帳篷裡，因空氣稀薄缺氧，她的高山病愈來愈嚴重。

北美最高峰牽連五人的兩起山難事件，消息頃刻傳遍全國。歇爾頓得知消息立刻空投急救藥品、氧氣筒、睡袋和食物等進行空中補給。5月19日來自各地的五支搜救隊分梯上山，但天氣變壞阻礙了救援。陸軍救援中心出動兩架直升機，卻因狂風和地形限制，無法靠近山難地點而撤退。

貝丁女士病情卻急速惡化（她在獲救後被診斷為腦水腫），語無倫次不斷嘔吐，連氧氣筒也無效，須儘速移至低海拔區，否則性命垂危。隊友用無線電再次求救，強調情況危急。

就在那天晚上，歇爾頓接到陸軍救援中心的電話，問他有沒有可能飛到海拔4400公尺，設法將命在旦夕的貝丁女士空載下來。

歇爾頓說他會盡力試試看。心裡卻很清楚，那等於是以自己性命作賭注，因為從沒有任何一位飛行員在那麼高海拔的冰雪區降落過。

那樣的海拔高度，連飛行員本身也會缺氧，除非戴氧氣筒。而且因空氣稀薄，將使螺旋槳小飛機的引擎推動力減少45％，載重能力也會顯著減弱。即使安然降落冰河，多載一名乘客之後，在那麼侷促的冰雪地形，小飛機能否催聚足夠動力而順利起飛，連歇爾頓也沒把握。

讀到這裡，心都揪起來了。沒人做過的事，就知那任務有多危險，有多困難。必須一舉成功，沒有第二次機會。無論降落或起飛，稍一閃失，便可能撞上峭壁或墜下斷崖，結果都是粉身碎骨。

露絲冰河的圓形露天劇場具有足夠迴轉空間與適當傾斜度。

救人一命，勝造七級浮屠。歇爾頓答應去試，願意賭上自己的性命救人，無論成敗，這般捨我其誰的勇氣已足以讓人肅然起敬，令人由衷感佩。

遠在波士頓的華詩本從收音機得知山難，立即打電話向歇爾頓詢問最新狀況，並告訴他在麥肯里峰4400公尺有哪側雪坡可降落，可用滑行雪面約600公尺長，降落應沒問題，起飛就很難說，要小心。

5月20日清晨，山區雲霧漸散，歇爾頓將華詩本的話緊誌於心，開著Super Cub雙人小飛機展開救難行動。儘管他事後描述在降落前緊張到冷汗直流，拼命咬緊牙根，覺得飛機就要撞上峭壁，幾乎忘了呼吸，但他終於辦到了！歇爾頓以準確精湛的技術和孤注一擲的勇氣，成為史上第一位在麥肯里峰4400公尺「最高海拔機場」降落的飛行員。

DON SHELDON, STANDING BESIDE HIS PLANE ON THE ICE OF RUTH GLACIER

"Don Sheldon is the unchallenged guardian angel of the mountain climber and downed aviator in distress...his story is a rare opportunity for those who place the quest for high adventure above all other worthy endeavors."
—L.A. Herald Examiner

當隊友費了九牛二虎之力，用雪橇將貝丁女士從海拔5000公尺搬運至小飛機旁，歇爾頓見她不住呻吟且皮膚泛藍，已在瀕死邊緣。將她平安空運下山，歇爾頓旋即返回救援四名墜崖者。德伊的左腿韌帶斷裂，其他隊員有腦震盪、頭頸撞傷、挫傷、凍傷、水腫等傷勢不一。陸軍直升機趁天晴加入救援，歇爾頓日以繼夜登陸冰川多達十八次，直到翌日5月21日中午，才把受傷者和所有救難人員分批載下山。

上 _「最高海拔機場」前有峭壁後有冰河裂隙，書中的圖由華詩本提供。
下 _ 傳記書封底是露絲冰河上的唐・歇爾頓和他的螺旋槳小飛機。

1960年6月6日，美國《生活雜誌》（*Life Magazine*）大篇幅報導麥肯里峰山難救援的完整故事，其他媒體並相繼報導。歇爾頓成為風雲人物，名氣愈加響亮，日後並參與電影電視的飛行演出。即使那些冒險故事說來令人難以置信，但他認為他所做的，不過像專業滑雪者或消防救火員克盡本分做好份內的事，如此而已。

上 _ 在山屋的日子，無時無刻不捕捉麥肯里峰山影和雲影的變化。
下 _ 麥肯里峰金黃色的落日餘暉。

　　「我曾擁有很多飛機，最近一次的統計是45架，我也曾損毀了幾架，但卻從未失去任何一名乘客的性命。」歇爾頓在1974年曾這麼說，這也是他一生引以自豪的記錄。

　　歇爾頓在1975年因癌症過世，享年僅54歲。為了紀念他生前種種救人的英勇事蹟，他的山屋所在地——露絲圓形露天劇場（Ruth Amphitheater）因此被改名為「歇爾頓圓形露天劇場」。可知這位自認平凡的僻地飛行員，其實有多麼不平凡。

與宇宙對話的不可思議空間

　　歇爾頓生前煙酒不沾，朋友形容他獨對壯闊的美景「上癮」，從山屋五面

大窗可見一斑。看著木屋鋼架、支柱、玻璃、門板、椅凳等，所有一切都是他開著小飛機，親自運進露絲冰河來。當山屋終於蓋好了，在半世紀前寫下許多冒險故事的歇爾頓，也曾跟我們一樣，望著窗外美麗的麥肯里峰，以板凳當床，坐在山屋裡圍著爐火取暖。

每念及此，就有一種說不出的奇妙感覺。在歇爾頓親手建造的山屋裡生活，似乎在心靈上和歇爾頓也有了某種超越時空的連結。

星野道夫書中這麼寫著：「唐‧歇爾頓是我很想結識的人，但他在我移居到阿拉斯加之前的1975年去世了。……日本的孩子們當然不知道唐‧歇爾頓，但我很高興自己所崇拜的僻地飛行員與孩子們能有某種關連。」

讀過傳記，知道半世紀前這些救人的故事，我終於知道星野道夫為何會崇拜歇爾頓了。在山屋的日子，我常想到星野道夫，心中很感謝他。若非他在書裡提到每年都會帶日本小孩來看極光，我不會知道露絲冰河有個山屋，更要感謝蓋瑞的書，讓我得以深刻認識山屋主人及其生平種種英雄事蹟。

我尤其喜歡星野道夫對露絲冰河的這段描述：

「這裡是可以與宇宙對話的不可思議空間。在被4000到6000公尺高山圍繞的冰河上度過夜晚，黑暗的天空中，冷冽的光芒像是有生命般地舞動著。盧斯冰河是一個只有岩石、冰、雪、星星的無機質世界。對所有資訊都隨手可得的日本孩子來說，這裡是完全不同的世界。但相反的，這裡的寂靜，讓人感受到宇宙的氣氛。冰河夜晚的寧靜，北風的冷冽，星辰的光芒……」

　不可思議的空間。豈止對日本孩子們？即便對我們這樣的大人，在冰河上度過寧靜夜晚，體驗冷冽北風，仰望星辰光輝，感受宇宙的神祕與浩瀚，都會感動得無法自己……

　如果用二分法，我們和歇爾頓以及星野道夫，是屬於同一國的。儘管咫尺見方的小木屋裡，稱得上傢俱的只有暖爐和狹窄的板凳床，但睡覺有屋頂遮風避雨，煮飯不會被風吹雨打，飯後還能烤火取暖。只要想到所擁有的，心裡就格外感恩與富足。

　聽蓋瑞說，以前山屋周圍的雪坡平緩，即使他滑雪技巧平平，仍可直接從山屋滑至冰河。十幾年來露絲冰河顯著退卻，岩脊暴露。曾幾何時，緩坡成

左 _ 清晨起來拍攝麥肯里峰日出（此圖為第四支腳架所拍攝）。
右 _ 嶔崎險峻的雞冠岩峰（Rooster Comb）渲染著日出的玫瑰色彩。

陡崖與冰階，以他的技術是不可能再從山屋滑雪下山了。

正因地形愈來愈險惡，如果冰河繼續退卻，管理單位將會考慮關閉山屋，以策安全。

可悲的是，似乎任何人都無法遏止全球暖化的趨勢。冰雪漸消融，岩壁愈暴露，山屋孤立危崖頂，這大概是半個世紀前的歇爾頓作夢也想不到的吧！

最後一天近午，轟隆隆的引擎聲由遠而近，那是螺旋槳小飛機來接我們下山的聲音。其實我心裡好希望突然風雲變色，能及時下場大雪，讓小飛機不得不延後出現，幾個小時也好，因為太捨不得離開這裡了。

曾聽人這麼說過：「風才是令人無法置信的、真正的柔軟化石」。

再次飛越北美最高峰的露絲冰河，我彷彿能聽到風兒從空中傳來遙遠古老的故事，正輕輕訴說著歇爾頓生前的傳奇。

左 _ 露絲冰河持續退卻，裸岩暴露，山屋地形愈來愈險惡。
右 _ 想像當年歇爾頓將小飛機停在露絲冰河上，也是這般動人心魄的光景。

該段中譯，原文如下：

"It is a sight that one just has to see to understand the magnificence of Alaskan mountain scenery at its best. The Moose's Tooth, on the east side, and Mount Dickey and its satellites, on the west side, make this, in my opinion, the most awe-inspiring mountain gorge anywhere in North America. In fact, it is the most magnificent thing of its sort that I have ever seen. The surrounding peaks — particulary those on the east side of the gorge and Dickey and its neighboring peaks on the west side — tower 5,000 feet from the 4,000-foot surface of the gorge floor, as deep as the Grand Canyon in one virtually perpendicular cliff, and if one were to remove the Ruth Glacier from the bottom of the mile-wide gorge, the entire thing would be a thousand feet deeper than the Grand Canyon at its deepest point. Since the entire gorge is composed of snow, ice, and the spectacular granite cliffs, it is a superlatively thrilling scene."

螺旋槳小飛機依約出現，停在巴禮額山（Mt. Barrille）陰影處。

爬上阿緹崗隘口(Atigun Pass)，從高處眺望來時路。

Chapter **4** To The End Of Alaska's Dalton Highway

直到路的盡頭——
親愛的小公主

穿越北極圈66°33'

在費爾班克斯一拿到預訂的四輪傳動車，就馬不停蹄往北趕。蓋瑞一家比我們早三天出發，事先說好碰面的地點，是在阿拉斯加的道爾頓公路MP275（Dalton Highway Mile Post 275——即距離公路南邊起點275英里之處），那裡有個葛柏萊絲湖（Galbraith Lake）營地。

一路往北，在MP115穿越了著名的北極圈（Arctic Circle）——這裡當然不會平白出現一條北極圈線，但見停車場旁一塊木牌上面畫著藍色地球，並標出北極圈在北緯66°33'位置，象徵性地讓訪客知道自己正站在北極圈上。

千里迢迢至此，也來拍一下北極圈的地標吧！才剛搭好腳架，路邊赫然出現一輛大型觀光巴士，原來這裡還是熱門景點呢。女司機看我們拿著相機站在牌子前，高喊：「等一下！等一下！」帶著一捲紅毯子跑過來。原來紅毯上畫了一道黃線，女司機把那塊紅毯鋪在木牌底下，如同地面出現一條北極圈的界線，創意十足。

女司機笑著要我們快快站在紅毯上，要幫我們拍張合照，見她這麼好心又熱心，不好拒絕，就尊敬不如從命。其實我們平時拍景物，很少會把自己放進去的。見巴士觀光客紛紛下車，和女司機稱謝便趕緊離開現場。

繼續向北。沿途車輛愈來愈少，偶而往來的大卡車揚起漫天灰塵。約莫半天車程，來到了MP175冰腳鎮（Coldfoot）。與其稱為小鎮，不如說是小村落，空曠的沙地立著幾棟小平房，中間一棟較新的木屋是唯一餐飲店也是唯一加油站。加油箱的烤漆斑駁，加油槍的握把也褪了色，加油表的玻璃蒙著一層灰，乍看下竟看不出油價到底多少錢？

忍不住把鼻尖湊上去看個仔細。天啊，一加侖高達美金五塊半！這大概是在美國近二十年所加過最貴的油了。卻非加不可，因為從這小村落一直到路的盡頭死馬鎮（Deadhorse），將近四百公里的漫漫長路將沒有任何加油站。

　　加完油，習慣地瞄一下收據，有點心驚加些心疼。當晚投宿MP180瑪莉安溪營地（Marion Creek Campground），營區座落森林中，到處聳立著長青針樅樹，地面一層鬆軟松葉。廁所是化糞式「坑廁」而非沖水式馬桶，卻非常乾淨，不但沒味道，還帶著森林芬多精的自然芳香。後來才知，在這人煙稀少的公路上，瑪莉安是設備最完善的高級露營區。

　　晚上十點多，多雲的天，灰濛濛卻依然微明，才想起我們已在北極圈以北，進入夏至永晝區。此後在極區近半個月，應無法看到夜晚燦爛星空，我卻一心期待著，天氣快快轉晴，能再一次看到日不落的奇景。

左 _ 北極圈（Arctic Circle）的木牌，在地球上標出北緯 66°33' 位置。
右 _ 道爾頓公路有多段未鋪柏油，自起點算起，每一英哩插個里程標。

　　從MP180瑪利安溪營區到MP275葛柏萊絲湖，仍有近百英里的土石路。惦記蓋瑞已等了我們四天，翌日繼續趕路，沿途景點只能匆匆瀏覽，留待回程再慢慢探勘。也不能開太快，因為這條公路有很多土石路段，沒鋪柏油，怕車輪軋到尖碎石子會爆胎。

　　在MP204見到一座山形奇特的蘇卡帕克山（Sukakpak Mountain），在MP235看到所謂的「最北一棵針樅樹」（Farthest North Spruce）——從此以北，真的再也沒有針樅樹了。想必是氣候太冷，連耐寒的針葉樹都無法生長的關係吧！

　　接著爬升至MP244的阿緹崗隘口（Atigun Pass），居高臨下俯瞰，無論向南或向北，都能看到跨州油管一路伴隨我們，猶如一條閃亮的銀色巨龍向無邊天際蜿蜒而去。

左 _ 道爾頓公路的手指山（Finger Mountain）果然名符其實。
右 _ 道爾頓公路的蘇卡帕克山（Sukakpak Mountain），山形奇特。

跨州油管，世紀工程

我們所走的這條「道爾頓公路」在阿拉斯加是相當出名的。不但因為它穿越北極圈，直通北極海，它也是全美國目前唯一能讓人們以自助旅行的方式，隨興所至去親觸阿拉斯加最頂端、那遙遠而人跡罕至的極地荒野。

打開阿拉斯加地圖，便能發現這條公路多麼引人注目。從內陸心臟城——費爾班克斯北邊134公里的地方為起點，幾乎呈直線般地一路往北挺進，直通北極海岸的死馬鎮（Deadhorse），長達662公里，比台灣南北全長多了將近一倍！

為何要在這麼一大片渺無人跡的極地荒野，建造這麼長的道路呢？

故事溯自1969年，阿拉斯加在北極海的普盧斗灣（Prudhoe Bay）發現藏量豐富的「黑金」——石油。當時對淘金熱已漸退燒的阿拉斯加來說，是

非常振奮人心的消息，因石油的發現勢必帶來可觀財富，促進該州經濟發展。1970年代初正值世界能源危機，美國基於對石油的迫切需求，即使爭議四起，政府仍快速通過在阿拉斯加建造1280公里油管的提案，將普盧斗灣的石油一路通行無阻地引導至南邊太平洋岸的全年不凍港——瓦第茲鎮（Valdez）。

那是將近四十年前的技術。這條跨州油管，一度被稱為「世紀工程」，除了油管長度逾一千公里，最大困難是須克服極地嚴苛的自然條件，如永凍土、極端氣候（熱脹冷縮效應）、跨越山脈河川等地理環境限制。因工程極具挑戰性，有些人甚至認為在極區興建油管的困難度，僅次於美國原子彈研發工程。但優秀的工程師們仍克服極具挑戰的永凍土問題，直徑比人還高的巨大油管，從普盧斗灣向南延伸，翻越布魯克斯山脈（Brooks Range）、橫渡育空河（Yukon River），經過費爾班克斯一路往南直達瓦第茲鎮。

更不可思議的是，這麼艱鉅浩大的工程，美國以備戰狀態的高效率，在短短三年（1974～1977）即全程圓滿竣工。而為了通往普盧斗灣的石油開採區，維護這條世紀油管「北半段」所建的「道爾頓公路」，並在短短五個月就完成了。

這條公路起初被稱為「拖運路」（Haul Road），因為所有支援石油開發工業一切相關工程設施，和油區工人所需食物和日常用品等，均須由一輛輛大卡車不斷地將所有物資運輸至最北的普盧斗灣。到1981年改為今日名稱，為了紀念對早期油田開發貢獻甚鉅的極地工程師詹姆斯·道爾頓（James B. Dalton）。

基於安全因素，道爾頓公路最初是不對外開放的。在1981年前，只開放給當地石油工業相關的車輛通行。後來受輿論壓力（既用納稅人的錢建造，沒理由不讓納稅人使用）而逐年分段開放，直到1994年才「全段開放」給一般民眾使用。

上 _ 從阿緹崗隘口向南俯瞰，油管如銀龍，道爾頓公路一路相隨。
下 _ 阿拉斯加跨州油管被視為世紀工程，道爾頓公路隨之開闢。

我們生平第一次探訪阿拉斯加，正是「道爾頓公路」正式開放那年。在蒐集資料時，曾將之納入行程規劃中，因為這條公路在地圖上實在太明顯了。可惜因租車問題，當年一路向北的遠征計畫未能如願。因為公路有多段「土石路」（gravel road），並非全段鋪柏油，那些大型租車連鎖店契約中均明文規定，不准將租車開上「土石路」（有些甚至明白寫著「禁止開往道爾頓公路」）。走土石路很傷車，不但容易爆胎而且車子耗損快。後來找到費爾班克斯當地一家小租車公司，加付一堆保險才得以成行。

　　今日道爾頓公路全年通行，即在冰天雪地的酷寒冬季，極圈以北處於黑暗的永夜亦然。而自從這條公路完成後，普盧斗灣的極地荒野景觀也因此永遠改變了。

送你一束小野花

剛開始不清楚路況,總擔心會爆胎。萬一爆胎就完了,因為從費爾班克斯到公路最北端的死馬鎮,是將近八百公里的荒野,沿途唯一可修車的地方只有中途的冰腳鎮。而冰腳、死馬這兩個地名聽起來就讓人心裡發毛。

還好土石路況還OK,開慢一點就沒事。近午時分,終於抵達葛柏蕾絲湖,此湖位於布魯克斯山脈(Brooks Range)北側山麓,地形平坦開闊。遠遠就瞧見蓋瑞的露營車,孤單佇立在一片空曠沙地中,四周沒別人。營區離湖邊有段距離,附近倒有一條溪流。營地很原始,所有的設施,只有兩個野餐桌和一間坑式廁所。

「哈囉,有人在家嗎?」敲了敲露營車的後廂門。一聽到我們的聲音,蓋瑞可愛的女兒蕾妮雅(Linnea)和可蕾兒(Claire)立刻開門衝出來,高興地抱住我們。她們一個七歲一個四歲,才一年多不見,兩位小公主又長高許多。蓋瑞和太太錫薇亞(Sylvia)隨之出現,按西方見面禮各給了我們一個熱情的擁抱。

我立刻注意到他們一家四口每人都戴著防蚊紗罩,可見此區蚊子蠻猖狂的。不禁心生警惕,趕緊也把紗罩找出來戴上。接著蕾妮雅和可蕾兒姊妹倆不約而同跑到附近草叢中,認真摘了一束小野花,然後開心地跑過來,把小花束高舉到我們面前說:「這是送給你們的……」

「哇,好漂亮的小野花,謝謝妳們啊!」看她們獻花表示隆重歡迎,綻放著純真甜美的笑靨,令人感到窩心極了。

那個晴朗午後,我們和蓋瑞一家人到附近山坡健行。苔原好多小野花,十分嬌巧,因極區風大加上生長季節短,花兒多貼著地面生長,要走近才看得仔細。蕾妮雅和可蕾兒發現山坡上長著小小蔓越莓(cranberry),如獲至寶,一路邊採邊吃,還三不五時跑過來送我幾粒品嚐,香甜帶點兒甘酸,新

白色的熊花 Bear Flower,顧名思義,是熊愛吃的野花。

鮮可口。

　　蕾妮雅特別喜歡小花，有些只有綠豆一丁點大，看起來一模一樣，她卻能提醒你中間芝麻般的小小花蕊，有棕點（brown dots）和紅點（red dots）的分別。她還很喜歡啃一種長草的莖梗，剛開始先折斷一根讓我嚐，說：「吃吃看，它是甜的！」

　　盛情難卻，我只好學她啃草根，假裝吃得津津有味。那種植物有點兒類似麥梗，遍地取之不竭。她看了一高興，又去找，不一會兒就弄了七八根來，超大方，我只好一根接一根地啃，嚼過就拿在手上。

　　正想著不知如何處理小公主送的禮，她看到二話不說就把我手上嚼過的拿過去，很有意見地說：「呃，這根被嚼過了，妳吃完就要像這樣丟掉它。」還做出丟棄的示範動作。我笑道：「可是妳並沒有告訴我要不要留作紀念，我怎麼知道呢？」

　　途中看到幾種動物的骨頭和排泄物，蓋瑞一路解說。他住阿拉斯加逾三十

左 _ 花形奇特的鮮黃小野花 Oeder's Lousewort。
中 _ 嬌小的一柱粉紅羽花 Pink Plumes。
右 _ 長得像一串小鈴鐺似的北極鐘石楠 Arctic Bell Heather。

年，對極區的動植物認識淵博。蕾妮雅繼承乃父之風，隨口就能說出各種野花名稱。我只能在旁勤奮向學，努力默記於心，卻常背過即忘，得回家翻查圖鑑才想起來。

後來發現一坨白裡泛黃的爛毛皮。蓋瑞判斷應是馴鹿的，獵人取了肉，就把毛皮丟棄。「毛皮不也很有用，甚至可以賣錢嗎？」我問。

「不一定，有些獵人只要肉就好，馴鹿毛皮並不稀奇。」蓋瑞以前打過獵，果然有見地。

我想拍照，請蕾妮雅站到毛皮旁邊當比例尺。蕾妮雅搖搖頭，因為爛毛皮看起來有些噁心。我就苦苦哀求說：「請幫幫忙，拜—託—啦—」蕾妮雅被逗得開心，勉為其難笑著說：「好啦好啦，我做就是了。」伸了伸舌頭，乖乖靠近爛毛皮，真是好心的小公主。

藍天白雲，一行六人走到山坡高處，俯瞰一望無際的苔原。大家隨意坐下休息、聊天、吃點心、拍野花、找蔓越莓。風兒陣陣吹拂，好不悠哉惬意。

可是呢，傍晚回到營地，情境迴變。因為風不見了！

一花一世界，小公主沉浸於小小野花世界，不時獻上一束小鮮花。

上 _ 請七歲的小蕾妮雅和苔原上一具陳舊馴鹿皮合影。

左 _ 苔原上超迷你的蔓越莓（Cranberry），吃起來甘甜可口。

右 _ 可蕾兒拿起小小的蔓越莓，臉上戴著是防蚊紗罩。

蚊群大作戰

　　山頂風大，蚊子都被吹散了。此時營地無風，蚊子如埋伏已久、伺機而動的敵人，個個養精蓄銳，從四面八方猛襲而至。

　　我都不知道從哪裡冒出這麼多蚊子。還好我們有備而來，也不是那麼好欺負的，從頭到腳幾乎無懈可擊——頭頂帽子，套上紗罩，身穿長袖長褲，兩腳登山鞋。身體包裹密不通風，只剩兩隻手掌不得不「暴露在外」（有噴驅蟲劑），我和文堯就這麼「全副武裝」，站在野餐桌旁煮飯。

　　煮好晚餐，要吃飯了。仍完全無風。眼睜睜看著密密麻麻的蚊子就停在頭紗罩上。如果為了進食而把頭紗罩取下，豈不讓所有蚊子囂張得逞，自己也跟著毀容了？

　　真可怕！念及至此，不禁頭皮發麻。怎麼辦呢？

　　肚子咕嚕咕嚕響。但見文堯拿起湯匙，舀一大口，迅速掀起頭紗罩，迅速把食物送進嘴裡，再趕緊把紗罩蓋下。如此重複幾次，很快把飯吃完了。他看我仍猶豫不決，便拿起扇子幫我搧風，把停在頭紗罩的蚊子趕走，我趕緊學他的「迅速掀紗罩進食法」。那真是名符其實的「戰鬥飯」，吃得很緊張，狀樣超狼狽，自己邊吃邊覺得很好笑。

　　這裡的蚊子實在有夠誇張的！開始後悔租錯車子。其實我們本來想租一輛露營車（Camper），就是小卡車後面加一截車廂，有床鋪沙發和小廚房，但沒衛浴設備。不幸的是，7月4日國慶假日是尖峰期，露營車早在年初就被訂光，只剩一輛四輪傳動車。因時間緊迫，有車就很偷笑了，當然不管三七二十一就把車租下來。

　　四輪傳動車遠不及露營車方便，但往好處想，至少比較省油。當我們在租車公司簽了厚厚一疊文件，用信用卡刷下昂貴租金加保險金和押金，終於坐上那輛四輪傳動車踏上征途時，我真的以為，未來一切將不成問題。

在苔原上散步，無意間發現一只馴鹿的下顎齒骨。

事實證明，問題很嚴重。自己根本沒搞清楚狀況，尤其是蚊子的狀況。

蓋瑞一家四口擠在狹小後車廂裡，至少有紗窗紗門抵禦蚊子。真不敢想像，如果往後的日子我們都得在「蚊子緊迫盯人」的圍攻下吃飯，該怎麼辦？

極區變天像翻書一樣快。飯後雲層湧至，我們見天色不對，就決定睡車裡。還好租來的四輪傳動車後面座椅可完全攤平，變成小通舖，不用冒著被成群蚊子圍攻的危險到車外搭帳篷，真是不幸中的大幸。半夜果然下起暴雨，大珠小珠落玉盤，霹哩啪啦響敲車頂。

蚊子的故事還沒完。翌日早上醒轉，又是晴朗無風的日子。想如廁，卻見車窗外一隻隻蚊子細細飛舞，不禁感到戒慎恐懼，再次頭皮發麻。雖然長袖長褲帽子和防蚊紗罩一應俱全，廁所也不遠，仍決定開車去上1號。一下車，立刻衝進廁所，不是太急，而是蚊子實在太多，在跑的過程中說不定就會被咬上好幾包。

早餐的咖啡也一併省略，因為將身體暴露在車外煮東西，一定躲不過被蚊子圍攻的命運。我們就待在車裡啃麵包和水蜜桃當早餐。水蜜桃是特地從加州帶上來，在極區溫暖乾燥的夏日，份外香甜好吃。

可是，接下來怎麼辦？難道我們無時無刻都得和蚊子大作戰，繼續過著這麼恐怖的日子嗎？

尋找麝香牛

暫且撇開蚊子，其實此行最主要目的，是想拍攝麝香牛（musk ox）。來阿拉斯加這麼多趟，除了養殖農場裡或博物館標本外，我們從沒看過「野生的」麝香牛。如果夠幸運，能看到大批馴鹿遷徙，就更完美了。

所以當蓋瑞問我們有沒有興趣趁國慶假日，跟他們走一趟道爾頓公路，即使那時油價一路飆漲，足足貴上一倍，我們仍毫不猶豫答應了。能跟著識途老馬，當然機會難得不可錯失。

在湖畔會合後，兩車一起北行。經過MP334快樂谷（Happy Valley），我以為會有人家，卻只有一條土石跑道供小飛機起降，不見任何民宅，感覺很荒涼。見路旁有條清溪，是午休好地方。中餐一顆蘋果配上餅乾或energy bar也就打發了。

午後開到MP345附近，見蓋瑞車子在路邊停下。正覺奇怪，他走過來說道：「看到麝香牛囉！」

左 _ 在葛柏蕾絲湖（Galbraith Lake）看到布魯克斯山脈的小冰河。
右 _ 極地仲夏的蚊子陣仗，令人觸目心驚，難怪馴鹿要遷逃至海邊。

「真的嗎，在哪裡？」我左張右望沒瞧見任何動物，他指著右前方幾百公尺外的灌木叢說：「看到那些深棕色的身體麼？牠們就躲在那裡。」

我拿起望遠鏡，約有十幾隻麝香牛躲在遠處柳木灌叢中。蓋瑞果然好眼力！

「可他們為什麼會躲在那裡呢？」

「因為此區油管埋在地下，泥土被翻攪過，挖得深，所以植物的根也紮得深。這就是為什麼油管旁會長出一排較高的柳木灌，而麝香牛愛吃這種植物，所以常會出現在這一帶。」蓋瑞解釋說。

知識豐富加上經驗老道，難怪蓋瑞一下就能發現牠們！我們三人扛起相機腳架，慢慢朝麝香牛走去。錫薇亞留在車內看顧兩位小公主，因為擔心活潑的蕾妮雅和可蕾兒嬉笑喧鬧，會影響我們的拍攝工作。

輕聲地一步步走近。麝香牛似乎不太怕人，昂起頭直盯著我們：「你們三

母麝香牛帶著今春剛出生的小麝香牛，畫面好溫馨。

人沒事來這想幹嘛?」木然的表情,並沒打算跑開。我們稍微走近些,牠們就往反方向遠離些,有意無意保持百公尺距離。

　　蓋瑞小聲說明,麝香牛的母牛公牛均長角,但公牛角殼覆至額頭,母牛則沒有,很容易辨認。

　　「牠們會攻擊人嗎?」我小聲地問。

　　「會,如果牠們被惹毛,會頂著牛角撞人,所以還是小心點,不能靠得太近。」

　　正說著,蓋瑞抬眼望向我們後方。我跟著轉頭,見一隻麝香牛正踱步朝我們走來。原來牠之前「離群索居」,此時想歸隊,而我們站的位置剛好介於牠和牛群之間,怎麼辦?

「不用怕，就站在原地別動……」只見牠愈走愈近，看到我們，腳步也沒放慢，一副井水不犯河水的模樣，大搖大擺從我們面前走過，彼此僅咫尺之距！

有麝香牛主動靠近，這麼難得機會當然要把握。我從觀景窗一直盯牠，和牠炯炯的眼神短暫交接時，心臟噗通噗通跳，很怕牠變成西班牙鬥牛，突然不爽就猛力朝我們衝過來。別看牠溫吞吞的，其實步速很快，相機竟來不及對焦。而且距離太近，我用300釐米長鏡頭竟然爆框，文堯500釐米大砲鏡頭就更不用說。後來檢視一下成果，連按那麼多張只有一張清楚，顯然自己的功力和定力都還不夠。

就這麼觀察好幾個小時，牛群始終和我們保持一段距離。不過能看到這麼多野生的麝香牛，還有母牛帶著小牛舐犢情深的情景，已讓人心滿意足了。

下午五點多，蓋瑞回停車處把相機收好，從自然攝影師變回父親的角色，又帶著蕾妮雅和可蕾兒一起去看麝香牛。沿途聽到悅耳的鳥叫聲，蓋瑞回過頭來說那是白冠雀（White Crown Sparrow）在唱著："Would you marry me?"（你願意嫁給我嗎？）蕾妮雅聽了，便有樣學樣跟著唱："Would you marry me?"

看他們父女三人手牽著手，一起唱著「你願意嫁給我嗎？」那幅和樂融融的畫面真是溫馨感人。難怪人們都說，女兒是爸爸上輩子的情人。

當晚在MP365一條東岔的河畔紮營。河邊蚊子特多，又沒風，窗外蚊子如鬼魅飛舞，根本沒有下車煮飯的勇氣，只能躲在車裡啃餅乾配白開水。

可待在車裡也難受，因為一開窗蚊子就鑽進來，留一條窗縫都不行，結果車內沒多久便變得像暖爐，快要被熱死了。心裡多後悔就有多後悔，以後沒租到露營車就絕不能來這裡餵蚊子！

蓋瑞見我們處境淒慘，邀我們

麝香牛公母都有長角，區別是公麝香牛的角覆蓋著額頭。

到露營車吃晚飯。作客不能空手，還好有備而來，我事先準備兩個迪斯奈小枕頭當禮物，一只繡著美人魚，另一個是灰姑娘。兩位小公主一看到禮物，驚喜大叫，抱著枕頭蹦蹦跳跳。蓋瑞親自下廚做炒飯，除了蛋，還加花生、綠菜花、青豆、紅蘿蔔、紫高麗菜，材料特別，因為錫薇亞吃素的關係。顏色卻多彩，加上義大利調味料和胡椒，香噴噴熱騰騰。六人擠在狹小車廂中，很溫馨，那是我這輩子吃過最美味可口的蛋炒飯了。

路的盡頭——死馬鎮

蚊子的故事還有續集。此地苔原一望無際，毫無遮蔽之處，只好到下坡比較隱密的河畔解手。如廁前，見一隻隻飢渴的蚊子蜂擁而上，便拿著驅蟲罐在身體四周亂噴一氣。但蚊子實在太多，防不勝防，時間一拖長便手忙腳亂，上個廁所搞得倉皇狼狽不已。

至此終於明白，為何馴鹿群一到了初夏就要來個「年度大遷徙」，我們還可塗抹驅蚊劑，搧扇子趕蚊子，馴鹿卻是連手都沒有，只好不辭千里跋涉，從內陸山區趕往風大的海邊躲蚊子。

如果沒蚊子，這地方應該很迷人的。從翻越布魯克斯山脈至此，放眼望去，空曠遼闊的綠絨絨苔原，天空層層薄雲

上 _ 保持警戒狀態，模樣可愛的極地松鼠（Arctic Squirrel）。
下 _ 在路旁河灘泥濘上，發現小松鼠的新鮮足印。

繾綣，漫天鋪畫無邊無盡的美麗圖案。如果沒蚊子，就這麼躺在充滿初夏泥土香氣的軟草中，實為人生一大樂事。

一路走走停停，終於來到路的盡頭MP414死馬鎮。緊鄰普盧斗灣的石油工業區，豎立很多長形鐵皮屋、起重機、鷹架、高塔、儲油槽等。在荒野中乍見一個工業小鎮，有點兒格格不入。自道爾頓公路全程開放，觀光業興起，鎮裡也開了幾家旅館。我們找到鎮上一家雜貨店，兩層樓高店面，像個大倉庫，一行行櫃架琳瑯滿目應有盡有，若非門前的「死馬」標誌，會讓人錯以為回到加州大賣場。

原來路的盡頭，並不似想像中那麼偏僻。天氣又乾又熱，破例買了冰汽水解渴。接著找到加油站，也是小小一間，一加侖油要賣到＄5.50美金，和冰腳鎮有拼！真奇怪，死馬鎮本身就是產油區，怎麼汽油還賣這麼貴咧？

後來在北極馴鹿客棧（Arctic Caribou Inn），見一廣告看板寫著「北極之旅」（Arctic Tour）專門帶遊客去看海。咦，死馬鎮不就在海邊嗎？為何要報團才能看到海呢？問了才知，基於海防安全，從死馬鎮通往北極海途中設有警衛柵門，除非持有公務證件或報名觀光團，通往海邊的路是不對外開放的。

最扯的是，導遊團並非報名繳費就能參加，須在24小時前，提供駕照或護照等個人身份證件，待通過「身份安全檢驗」（"ID Security Check"），才能參加翌日的參觀活動。

左 _ 普盧斗灣旅館 (Prudhoe Bay Hotel) 其貌不揚，卻是死馬鎮最大一家旅館。
右 _ 死馬鎮雜貨店門口牌子畫著一匹「四腳朝天」將斃命的馬。

「那如果有些人只能待一天，無法再多等一天呢？」我問櫃檯服務員。

「很抱歉，這是既定政策，我們必須遵守……」服務員語帶歉意地說。

在堪稱全世界最自由的美國，竟有這種「花錢觀光還需先檢驗身份」的荒謬事，實在令人匪夷所思。

看到櫃檯旁站著一位阿兵哥，我便試探問一下，北極海現在還有沒有冰？

「我前兩天才從海邊回來。冰？老早融化不見了。」阿兵哥禮貌地搖搖頭說。

海邊沒冰，報名手續又囉唆，我們便打消念頭。還好做了正確決定，因為隔天竟有意想不到的驚喜等著我們。

午後很榮幸被蓋瑞邀請參觀他在普盧斗灣的「田野辦公室」，一棟平房建築，要脫鞋才能進入（這在老美辦公室是很罕見的）。室內一塵不染，連洗手間都鋪了地毯。蓋瑞任職阿拉斯加州政府自然資源部（Department of Natural Resources）已近三十年，常到死馬鎮出差，主要工作是監視極區苔原生態有沒有因石油開採活動而被「不合理」破壞。有趣的是他的田野辦公室除了一張書桌一台電腦，還有一張床，反而像旅館單人房的擺設。

死馬鎮附近有個克琳湖（Lake Coleen），我們環湖繞一大圈，看到一具體無完膚的棉鳧（Eider）——當然要拜賜野鳥專家蓋瑞的辨認才知什麼鳥。當晚在死馬鎮南邊五公里（MP411）河畔紮營，仍能清晰看到遠遠北方地平線上，那一排石油工業區閃著點點微弱的燈光。

左 _ 這位長尾鴨 (Long tailed Duck) 媽媽獨立帶領六位小孩，真辛苦。
右 _ 在 MP400 附近小湖中，看到一對天鵝優雅地悠游水中。

在 MP380 附近拍攝苔原大片野花綻放，襯著天空美麗的薄雲。

卡嗒卡嗒鹿蹄聲

翌日清晨，氣溫陡降，自己竟被冷醒。揉著惺忪睡眼，探頭看個仔細。哇，整個天空都被一大片厚厚烏雲給覆蓋了。昨兒還萬里無雲讓人猛灌冰汽水，怎麼轉眼才一夜，就整個變天了？這麼多的雲是打哪兒來的呢？

鑽出睡袋，好冷。趕緊穿上絨毛衣、毛襪、毛帽、手套，將全身層層包裹。看著窗外，總覺得好像少了些什麼？

原來密密麻麻的飛蚊盡數消失了蹤影，窗外不見任何一隻蚊子，簡直太神奇了！想必溫度實在太低，蚊子統統躲起來安身立命了。

苔原上的小野花，在颼颼冷風中不住搖晃顫抖。好喜歡這種冷颼颼的天，這才像在極地啊！文堯也被冷醒，和蓋瑞道早安時，開玩笑地指著滿天烏雲說：「這麼糟的天，我們為什麼會待在這裡？」蓋瑞笑著回敬一句：「我們身在極區，記得嗎？」（"We are in the Arctic, remember?"）

早上八點多，聊天的蓋瑞和文堯突然低聲說：「馴鹿來了！」我以為哥倆兒又在開玩笑，一看，北方遠遠地平線上出現好多小黑點，緩緩移動著，果然是一大群馴鹿，正往我們營地方向走來。

真可謂「踏破鐵鞋無覓處，得來全不費功夫」，顯然因為氣溫陡降，馴鹿從寒冷海邊退到比較暖和的河岸苔原。讓人不敢相信，怎會這麼好運呢?!還好我們並沒傻傻的去報名那個什麼團，不然豈非錯過這天大的驚喜？

紮營處就在河畔。蓋瑞認真比了「噓」的手勢，示意

在MP411河邊紮營氣溫驟降，翌日清晨，大群馴鹿從北方朝我們走來。

絕對安靜。各就各位迅速搭起相機，蓋瑞坐在兩車之間，文堯緊貼車尾坐下，我在車裡伏著車窗拍攝。馴鹿一波接一波陸續出現，老遠看到我們，起初有些遲疑，步伐謹慎，但看我們原地不動，便漸漸放鬆警戒。走在最前面的全是大角公鹿，愈走愈近，安詳自在慢慢踱步到面前吃草。有些根本不怕人，就在車前蹲坐下來休息。

　　過沒多久，公鹿後面出現成群母鹿，母鹿身旁跟著今春出生的小鹿，牠們邊走邊吃苔原中如星星般的迷你野花。有些小鹿行進間一直鑽到媽媽肚下想喝奶，母鹿竟也當我們的面安心開始哺乳。

生平第一次這麼近距離看到小鹿喝母奶，那舐犢情深的畫面，好動人啊！從牠們眼神，我能感受到鹿群已對我們產生足夠信任。我一下用廣角一下換長鏡頭一直按快門。也不知過了多久，照到後來手指都凍僵了，因為溫度很低，車窗又全開，即使戴著手套也抵不住那陣冷冽寒氣。

　　前前後後加起來，鹿群若沒上萬也有數千隻。待後面那些母鹿和小鹿尾隨而至，原先坐下休息的公鹿便慵懶起了身，繼續前行，就從車後咫尺溪畔處，從容踱步而去。馴鹿輕輕走過，空氣中響著卡嗒卡嗒的鹿蹄聲，好不悅耳動聽。

　　也喜歡拍攝馴鹿的星野道夫曾說：「與馴鹿的相遇，是奇妙的緣分……。我一直對在阿拉斯加原野上來回行旅的馴鹿很感興趣。那讓我實際感受到空間的壯闊，也體驗到大自然並非為人類或任何目的，只為自身的存在而活著的世界。」馴鹿每年都這麼翻山越嶺千里跋涉，也只有親見，才能體會阿拉斯加是何等壯闊吧！

　　後來不知怎地，馴鹿們神態緊張起來，母鹿和小鹿紛紛邁步奔跑，似乎互相警告，有危險將至。落在後頭的馴鹿不約而同往另一方向倉皇奔馳。少頃，我們面前只剩空蕩蕩的苔原，所有馴鹿一下都跑光光，一隻也不剩。

　　正覺納悶，回頭一看，左後方不知何時出現一輛車，車旁有位穿迷彩獵裝的老頭手上拿著弓箭（是真的弓箭！）準備射擊鹿群。剛剛拍鹿太專心，竟

沒看到獵人的出現。難怪鹿群驚惶逃離，頓時消失無蹤。

這裡不是保護區，就可以這般打獵嗎？還好獵人到後來才出現，讓我們有幾個鐘頭時間與馴鹿和平相處。

「沒人知道風和馴鹿的去向。」極北的印地安人曾這麼說。

「馴鹿是極北的流浪者。某天出現在凍土帶的一方，然後又像一陣風似的離去。沒人追究牠們去了哪裡。……像風一樣在極北的原野四處旅行的馴鹿們，給了這片一望無際的土地存在的意義。」星野道夫描述得更加詩意了。

謝謝親愛的小公主

文堯高興地說，有拍到小鹿吃母奶的近距特寫，滿框。蓋瑞微笑著，邊收拾相機邊小聲提醒，蕾妮雅和可蕾兒整個早上都很乖，如果我去跟她們說些

左 _ 走在鹿群隊伍最前面的是公馴鹿，大大鹿角真是漂亮。
右 _ 母馴鹿就在面前咫尺之處安心哺乳，一點兒都不怕我們。

獎勵的話，她們一定會很高興。我點頭如搗蒜，敲敲他們車後廂門。錫薇亞來開門，我當面謝謝兩位親愛的小公主整個早上都這麼安靜乖巧。

錫薇亞聽了當然很高興，給兩個小女兒幾片餅乾獎勵，並藉機教育說：「有些人想看馴鹿，卻一輩子都沒機會看到。我們不但看到了，還看到那麼多馴鹿就坐在面前，還看到母鹿餵小鹿吃奶，距離這麼近，這麼難能可貴的人生經驗（lifetime experience），我們是不是很幸運呢？」兩位小公主邊吃餅乾邊微笑點頭。

閒聊一陣，我忍不住說：「真不明白，為什麼在這豐衣足食的時代還要打獵呢？鹿肉有那麼好吃麼？」錫薇亞是素食主義者，當然不贊成打獵也不知道鹿肉好不好吃，不過倒知道州政府對人們在此公路打獵，是有立法限制的：即道路兩旁五英里（等於八公里）範圍內，只能徒步用弓箭捕獵，不得使用獵槍，也不能以車代步追捕馴鹿。因此把馴鹿嚇跑的那位獵人並沒違法，因為他確是下車步行，而且拿著弓箭而非來福槍。

這次如願拍到麝香牛和馴鹿群，功成圓滿，為了感謝好友蓋瑞的「英明領導」和小公主的乖巧聽話，決定中午回到北邊死馬鎮慶功。請蓋瑞全家到普盧斗灣旅館餐廳享用「隨你吃到飽」的百匯（Buffet）。

我都不敢相信在北極海邊這麼偏遠的地方，竟能吃到美式百匯！菜色非常豐富，單是冷熱飲料就多達十餘種，除了沙拉吧、雞排、牛肉、豆類、濃湯，冷藏櫃還有三明治、優酪乳和水果可外帶。最令人稱奇的是，玻璃櫥內的甜點蛋糕高達七、八種。還有餅乾、甜甜圈，甚至各式口味冰淇淋！

已將近一週沒吃什麼「真正的食物」，吃得好開心，賓主盡歡。見隔壁桌有人用電腦，才發覺牆角有插頭。趕忙拿電腦來充電，餐後在浴室洗個臉，熱水好燙，真誇張。路的盡頭竟有如此現代化設備，想起2002年飛到渺無人煙的極地生態保護區（Arctic National Wildlife Refuge），每天都要到冰冷河邊打水，和那百分之百荒野相較，走道爾頓公路探訪極區實在太奢華了。

在 MP365 河畔棉花草 (Cotton Grass) 雖美，蚊子也多得嚇人。

死馬鎮是全程折返點。啟程南下前，不忘把油箱加滿。途中看到早上那位獵人正在路邊苔原上剝鹿皮，還真被他用弓箭獵到一隻馴鹿了！儘管心裡不以為然，卻不得不佩服他的技術和耐心。

　　當晚回到MP365老地方紮營。天氣轉晴，整個景觀都不一樣了，若非那塊路牌，不太記得曾在此拍過馴鹿呢。六點多「夕陽」高照，河畔景色分外迷人，冒著被蚊子攻擊的危險，走到河灘拍攝野花。流水雖淺卻湍急，精力旺盛的蕾妮雅忙著搬運一塊塊比拳大的石頭，在淺水處堆排起來，熱心幫大家做一道小石橋，真是心地善良又美麗的小公主。

傍晚時分，一隻類似畫眉鳥（Shryke）棲息在柳木叢的枝頭。

經過調教，我認得河邊植物是白棉花草（cotton grass），紫紅的河畔美人（River Beauty）還有能當食物吃的極地鼠尾草（Arctic Sage）。河灘留有不少新鮮鹿蹄印和小鳥爪印，也發現了熊掌印，有點嚇人。還好爪印模糊，應已過了一段時日而非最近才經過這裡。

晴空萬里，與蓋瑞相約吃過晚飯到河邊拍攝日不落（midnight sun）。想起上回在極地生態保護區，從營地徒步到河邊要兩個多小時，我們為了拍攝「金波粼粼的日不落」，來回走了四個多小時，搞到凌晨四點才回到營地，真是苦不堪言。但這次就在河邊紮營，不到十分鐘就能走到河畔，要拍午夜的太陽真是輕鬆極了。

拍攝地平線上弧形排列的十幾個太陽，需用重複曝光技術。在河邊選好景點，用指北針定位，對準正北搭好相機腳架，再計算曝光時間和快門速度，確定無誤，便設好自動定時拍攝裝置。每半小時拍一張，預定照13個太陽。

清晨醒來，依然萬里無雲。只要從睡著到醒來這六、七個鐘頭內，北方天空沒有起雲遮蔽了太陽，相機也沒出差錯，日不落的拍攝按理就會成功。

左 _ 河灘上的野花「河畔美人」（River Beauty）和一只馴鹿蹄印。
右 _ 在 MP365 河灘上發現許多水鳥的爪印。

蓋瑞走在冰原上，冰天一色，彷彿漫步在雲端。

七歲小女孩對油管的認知

　　回程途中，還看到不少難忘景致。譬如發現葛柏蕾絲湖附近有一小塊冰原，就在山麓河流匯集的山坳處。從營區走到冰原，先涉過一條冰溪，再走一段鬆軟的苔原山坡，來回步程約三公里。踩在雪白的冰原上，像走進冷藏室，涼快無比。見蓋瑞高瘦的身影愈行愈遠，潔白冰原襯著朵朵白雲，冰天一色，彷彿漫步雲端，不似在人間。

　　最開心的是和蕾妮雅相處的時光，我和這位小公主感情特別好。因為蕾妮雅剛滿一歲還不太會走路時，就跟我們一起去極地保護區探險，真的是從襁褓看她長大。她不但機靈懂事，也比害羞的妹妹來得熱情大方，沒事就跑來找我們玩。有時她會拿一本書，帶著感情讀她最喜歡的一段故事給我聽。別看她才七歲，小小年紀知道的事可多了，光是野花一項我就得拜她為師。

　　蕾妮雅對很多事情都有自己的看法，而且講起來頭頭是道。譬如阿拉斯加油管，一般人都認為這條油管對於促進阿拉斯加（甚或全美國的）總體經濟具有重要的貢獻，蕾妮雅卻有一套相當不凡的見解。

在 MP300 附近拍攝自然景致，蕾妮雅一直提醒說別把油管照進去。

有一天我們在MP300油管旁午餐，順便拍攝附近的苔原景觀。蕾妮雅見狀，一直「好心提醒」我們別把油管拍攝進去。

　　「為什麼妳不喜歡油管呢？」我好奇地問。

　　「因為油管是不自然的東西（Because it's unnatural）！」她想都沒想，振振有詞地說：「如果哪天油管發生洩油事件，因為石油有毒，土壤就會被污染了。植物的根吸收污染土壤裡的養分，也會把毒素一起吸收進去……」

　　能想到這點，已經很了不起了，這簡單的邏輯許多大人還無法參透呢。不料她還沒講完：「然後人類吃了含有毒素的動物和植物，最後中毒的將是我們自己。」

　　看她表情認真，理直氣壯的模樣，這幾句話聽起來卻份外令人動容。若非親耳聽到，我都不太相信眼前的小蕾妮雅竟有這麼強的環境生態意識，這麼條理分明地闡述油管潛藏的危機，石油污染和食物鏈的關係，以及對人類自身的影響。而她只不過是一個七歲大的小女孩！

　　「可是如果沒有這些油管，爹地就不會遇到媽咪，也就不會有妳們了喔。」蓋瑞在旁聽到我們的對話，忍不住插嘴兩句。錫薇亞以前是在阿拉斯

左＿車子覆著厚厚一層灰土，蕾妮雅都能在上面寫字作畫了。
右＿蓋瑞在拍攝遠處苔原上的鳥巢，全家透過長鏡頭賞鳥。

加動物保護協會工作，就是去極區踏察石油開發對當地生態的破壞及對日後的負面影響時，認識了在州政府自然資源部服務的蓋瑞。倆人可說是因為油管的牽線而結下了姻緣。

「嗯，好吧……」蕾妮雅聽了，側頭想了一下，才囁嚅地說：「好吧好吧，既然這樣，那就讓你們拍油管好了。」真是一位通情達理的小公主。我趕緊拿起相機拍攝他們站在油管下的全家福。

油管無處不在，一路伴隨我們。我曾問蓋瑞為何油管不埋在地下，卻要搭在高架上，破壞苔原荒野的景觀？蓋瑞說如果可以的話，石油公司會盡可能把油管埋在地下，這樣成本反而較低。但因在極區要考量「永凍土」問題，並非每區的地質土壤都適合挖埋油管，所以很多地段都必須用高架方式才行。

回到冰腳鎮的「北極遊客中心」（Arctic Interagency Visitor Center），之前過門不入，回程特地探訪。一棟新穎的木造建築，進門是一座半立體地球模型，標示北極圈所在位置。室內陳列阿拉斯加特有的動植物標本，栩栩

油管架比人還粗還高，長逾千里，難怪被視為世紀工程。

如生。

　　印象最深刻的，是遊客中心乾淨的洗手間，不但有沖水馬桶，衛生紙和衛生座墊一應俱全，而且還有熱水，真幸福啊！

　　櫃檯提供各種免費資料，最有趣的是可領取「極地證書」（Arctic Certificate），解說員在證書上慎重其事寫下我們的名字並蓋了章，以證明確實到過北極圈。

　　旅程尾聲，靠近道爾頓公路起點MP81到MP83之間，意外看到沿途鋪滿了柳蘭（Fireweed），似乎為了迎接我們歸來，前後隔不到半個月便妊然怒放。猶如粉紅絨毯般，繽紛嬌豔的紫紅花海一路漫上山坡，令人驚豔不已。

　　此行收穫匪淺，我們希望看到的野生麝香牛、馴鹿群遷徙、日不落的景致都如願看到了，還有出乎意料的遍地野花。唯一缺點是，蚊子實在太恐怖了。

　　那又何妨呢？連親愛的小公主也沒在怕蚊子呢。日後驀然回首，旅程中所有驚心片段，都會被時光輕輕篩濾，只留下那些難忘而美好的回憶。

在 MP82 一帶，遍地盛放著繽紛嬌豔的柳蘭（Fireweed）。

冬天在費爾班克斯待上三天，看到極光的機率是 80%。

Chapter 5 Northern Lights City - Fairbanks
極光之城——
費爾班克斯

與蓋瑞的千里奇緣

　　那是1995年夏天，第一次到阿拉斯加卡特麥國家公園（Katmai National Park）拍熊。從安哥拉治轉機途中，我注意到同行的旅客中，有位老美一路提著一只棕黃色金屬箱子，箱殼上印著醒目的Nikon 500mm字樣。內行人一看便知是昂貴的尼康五百釐米大砲鏡頭，當時市價約八千美元，他等於把二十幾萬台幣拎在手上。

　　大概擔心鏡頭托運會撞壞或掉失，才一路隨身攜帶吧。那時我便猜想，會買這麼貴的大砲鏡頭，若非熱愛野生動物或鳥類攝影者，要不就是專業的自然攝影家。後來到了鮭魚王小鎮轉搭水上飛機，他又跟我們同班飛機。更巧的是，到了布魯克斯營地（Brooks Camp），他的帳篷就搭在我們隔壁。

　　既成了鄰居，總要先做好敦親睦鄰的工作。趁他跟我們微笑說嗨打招呼，我就問道：「你住在費爾班克斯麼？」

　　他聽了，很詫異地說：「是啊，你怎麼知道？我們以前見過麼？」

　　「因為你那只鏡頭箱殼上的地址，就寫著費爾班克斯啊！」我笑著據實回答。

　　「原來如此……」他莞爾一笑，大概沒料到一路提著那大砲鏡頭，會如此引人側目，接口道：「尼康把500mm印在箱殼上真的很愚蠢，這麼貴的東西，不就等於寫著『請來偷我』（please steal me）嗎?!」

1995 年和蓋瑞相遇於卡特麥國家公園的布魯克斯營區（Brooks Camp）。

很幽默的人，就這麼聊開了，得知他名字是蓋瑞‧史瓦茲（Gary Schultz）。自此不但天天見面，並常在營地共用餐桌一起煮飯，彼此都熱愛自然攝影，話題講不完也就愈來愈熟了。當時住隔壁，才知蓋瑞早出晚歸照相有多認真，每天清晨起來看他帳篷已人去樓空。晚上總到暮色低沉，才見他回營地炊煮。

　　大自然攝影講究光線，而晨昏光線總是最美的，因此不得不早起，到了吃

飯時間又常不得不餓肚子。那時覺得，當個像他那樣的自然攝影家，好辛苦。等到自己日後也迷戀於捕捉自然之美，體嚐箇中滋味，才知為何讓人「廢寢忘食」也甘之如飴。

蓋瑞長我們十歲，一直都在阿拉斯加州政府自然資源部任職，攝影算是他的副業和興趣，卻早已臻於專業水平，攝影作品不但得過國際攝影比賽大獎，也多見於美國國家地理雜誌出版的書籍以及各類刊物、月曆、明信片等。最有趣的是，蓋瑞一聽我們來自台灣，就說他知道那個小島，因為他委託仲介轉售圖片，第一張作品就是在台灣刊出的。真的好巧！

蓋瑞不單為人謙虛，最難得的，是他的言而有信。翌年在另一個迪納利國家公園（Denali National Park）又巧遇蓋瑞，二度千里奇緣，很有默契更有緣份。茶餘飯後聊到極光，便藉機請教相關的曝光問題。那年1996，仍是35mm底片時代，得沖洗出來才知成功與否，並不像數位相機能立即檢查結果。他那時已是極光專家，說他曾把底片ISO感光度和曝光時間整理成一張對應表，一目了然，待回家後會寄給我們。

彼此認識不算久，email也不像今日發達，那時只當是客套話，雖然滿心期待卻不太相信他真會記得這件事。直到半個月後意外收到蓋瑞寄來一封

信，信裡附了那張表格，才知他待人多真誠，且言出必行。自此經常聯絡，這份難得的友誼也就延續至今了。

　　如同兄長的蓋瑞其實很風趣。他曾提到有一年因政府預算縮減而失去工作，沒有收入，只能靠夏天釣的鮭魚冰凍起來當食物，吃了一整年，吃到後來膩極，有好幾年不敢吃鮭魚。蓋瑞還大方傳授「醃烤鮭魚」獨家料理偏方，醃料用醬油蜂蜜大蒜麻油四項，非常入味可口。我如法炮製，親友們嚐過都讚不絕口。

　　最值得一書的，是蓋瑞和太太錫薇亞在2011年發起居民連署活動，致力推動「費爾班克斯空氣淨化法案」（Clean Air Fairbanks）。起因於費爾班克斯冬天嚴寒，商家或居民常不當使用污染性高的木燃水電暖爐（wood-fired hydronic heater）或燃煤設備，加上低溫空氣凝滯，導致該城常籠照於烏煙瘴氣中，PM2.5超出高標，空氣品質很差。該法案提議禁止使用高污染的暖爐和煤炭，違者課以罰鍰。蓋瑞夫妻特地為此成立網站，網頁開宗明義便寫著："Polluting is a choice; breathing is not." 他們還花很多時間心力奔走，親自上街頭拜託該市居民簽名，並募款做電視廣告，為推動的法案做教育宣導。或因時間過於倉促，該年10月投票結果，居民投票贊成此提案的人數未過法定門檻，功虧一簣。

　　像蓋瑞夫妻這般當仁不讓喚起居民環境意識，注重空氣品質及對健康的影響，並義無反顧去做對的事，雖敗猶榮，依然很令人感佩。

　　滴水穿石，聚沙成塔，民眾的環境教育確實需要時間，假以時日，那淨化空氣法案說不定會有成功通過的一天。

　　蓋瑞生於洛杉磯，自1979年到阿拉斯加大學唸研究所主修野生動物生物學，對這居住三十多年的城市感情很深，郊區森林裡的房子還是自己親手蓋的，實在好了不起！如果哪天為了懸浮粒超標的空氣品質，為保障自身和家人健康而搬離此城，也不會讓人感到意外了。

蓋瑞是一位熱愛大自然的專業自然攝影家，每次扛起相機都很開心。

蘇是他們老鄰居

　　蘇珊．貝克（Susan Beck）比蓋瑞大兩歲，是將近三十年老鄰居，就隔條小土路住在對面的森林裡，走路只要幾分鐘。蓋瑞習慣稱她「蘇」，兩人最初是在一九八〇年代中葉，費爾班克斯市政府公開標售土地的競標場所認識的。

　　因為蘇很中意蓋瑞家的這塊森林，起初帶著必勝的決心想奪標。結果蓋瑞意志更堅定，在喊價時，兩人竟成了打擂台對手，一直往上加價。蘇頻頻回首，瞪大眼睛看著蓋瑞，想說「這個人沒完沒了是怎麼回事，瘋了嗎？專門來找碴的嗎？！」眼看標價超出預算甚多，最後蘇只好成人之美，以千元之差拱手相讓。

　　聽蘇比手畫腳描述和蓋瑞相識過程，生動有趣，真所謂「不打不相識」。後來蘇在蓋瑞家對面的森林買到一塊土地，兩人成為對門鄰居，長年守望相助而成為知無不言的好朋友，卻是始料所未及的。

　　我們第一次見到蘇，卻是在更特別的場合──北極村。2002年在蓋瑞引介下，我們和蘇三人合租一架螺旋槳小飛機，從北極村飛到極地國家野生動物保護區（Arctic National Wildlife Refuge）。因為單引擎小飛機的出事機率，比一般噴射客機高得多，蘇曾不諱言說她非常害怕坐這種小飛機，會暈機嘔吐，若非必要絕不搭乘，一旦搭乘就得抱著「把命交到上帝手裡」的決心與勇氣。

　　在阿拉斯加北極圈露營，蘇的帳篷是我們三家當中最不堅固的。記得有一天，北風發狂似吹來，一望無際的苔原毫無遮蔽，我們直盯著蘇的帳篷十分艱苦地對抗強風，勉力撐持。那鋁製的中央桿，被風吹得一勁兒彎曲，快貼到地面，險些就拗斷了。

　　曾在荒野中共甘苦的伙伴，情誼總特殊些。我們到蘇的住處拜訪過幾次，

樺木林裡一棟小木屋，屋內低矮卻很溫暖，十分「節能減碳」。據說蘇近二十年都沒自來水，直到前幾年才接了水管。她生活簡單，在城郊過著小型「農牧」生活，木屋旁蓋一間小溫室，從植物莖葉可認出蕃茄和義大利瓜。溫室隔壁有個寬敞雞籠，裡面養了8隻雞。

蓋瑞在自家一英畝的樺木林中，親手蓋了一棟雙層木屋。

蘇珊的家也藏在美麗的樺木林中，從蓋瑞家步行幾分鐘就到了。

「你們可知新鮮的雞蛋，有多麼好吃嗎？」還來不及答腔，蘇很驕傲的說：「我每天都有新鮮的雞蛋可吃喔！」其實我連雞蛋到底新不新鮮，都只能從盒裝上的日期判定，更遑論如何辨識一顆雞蛋「多好吃」的程度了。

蘇還說她喜歡划小船舟（canoeing），但不是很喜歡划獨木舟（kayaking）。

「這兩種不都一樣，不都是划船嗎？」我笑著問她。

「當然不一樣囉。獨木舟的空間狹窄得多，尤其那兩隻腳，得伸得直直的，幾乎不能動。搞得我兩腳發麻一點兒都不舒服。划小船舟，就沒這個問題。」

「那就常常靠岸休息，上岸走動一下，不就好了！」我打趣說。

「嘿，妳知道坐獨木舟釣魚，東西都不曉得要擺哪兒，有多不方便，多麻煩嗎？」她立刻答道，一副「說了你也不會懂」的神情。蘇是直腸子，說話直接了當，語氣卻很風趣，讓人忍不住喜歡跟她哈啦。

蘇也很惜物，住阿拉斯加超過三十年，這麼多年來，都捨不得開自己的小卡車去最北的「死馬鎮」，頂多只開到道爾頓公路的「北極圈」和「冰腳鎮」。正因土石路況不佳，怕車子被弄壞。「當然不只爆胎問題。妳知道大卡車高速帶起一粒小碎石，都能把擋風玻璃打碎嗎？修車很貴又麻煩，我可不想平白增加汽車保費，給保險公司賺錢咧。」

蘇曾介紹自己生在加州，從小在舊金山長大，父母都還住在那兒。自從她搬到阿拉斯加，每年只有在感恩節或者聖誕新年假期，會飛回舊金山探望家人，因為她受不了都市的車水馬龍，到處擁擠人潮，道路塞滿車輛。

最近一次見到蘇，她還有點兒心虛地跟我說：「知道麼，去年是我這三十幾年來，第一次整年都沒有回舊金山探望家人……」說完伸伸舌頭，不太好意思。

也是到近年讀了星野道夫的書才知道，原來蘇以前常到星野道夫家走動，是他和太太直子的英語家教。但蘇似乎不太提這段往事，可能念及舊往，心裡會難過吧。

好友的故友 - Michio Hoshino

　　"Michio Hoshino" 是誰？他就是日本已逝的國寶級自然攝影家「星野道夫」。

　　我們最初卻是從蓋瑞口中聽到這個名字。蓋瑞習慣稱星野道夫 "Michio"，他們是很熟的朋友，也都熱愛極北大自然。Michio自1978年移居費爾班克斯至1996年過世，在那城市住了十八年。

　　1996年，Michio才44歲，因參與日本電視台在勘察加半島的外景錄製工作，於8月8日清晨在帳篷內遭棕熊襲擊不幸罹難。不但震驚全日本，也震驚他在阿拉斯加所有的朋友。

　　意外發生前，我們去阿拉斯加拍照碰巧遇到蓋瑞。在營地閒聊，蓋瑞還說哪天要介紹這位日本朋友給我們認識。誰料人生無常，來不及見面他就意外身亡。和Michio緣慳一面，始終是一件令人感到遺憾的事。

　　蓋瑞總說Michio人很好，人緣更好，雖不太會照顧自己，但大家都喜歡照顧他。

　　「真的？到底是怎麼好法呢？」我好奇問道。

　　「他待人很真誠，有什麼好東西都樂於與人分享。」蓋瑞答得簡潔。

　　「譬如說？能否舉個例子？」我很想多聽一些Michio的故事。

　　蓋瑞想了一下，說道：「例如我們為了拍攝鯨魚，曾一起租船出海，另一位攝影家在船尾看到一隻海獺，就悶不吭聲自己偷偷拍，就怕別人知道。但Michio每次看到什麼，都會興奮地立刻告知同船其他人『快點快點，這裡有好東西，趕快來拍！』，他從不藏私。」

　　原來如此。樂於跟大家分享而從不藏私，一定是心胸寬大、仁智而博愛之人吧。

　　文如其人，從Michio書中便能感受他的正向思維。一般人無法消受費爾

班克斯的嚴冬，他卻如此描述：「能夠想像在零下五十度的早晨裡，像寶石般晶瑩剔透的大氣有多美嗎？吸一口能讓全身緊縮的冷空氣，享受純淨透明的冬季滋味。或許，這個季節就有著這般可以淨化心靈的力量。」他還說：「雪，其實是很溫暖的。……如果大地表面沒有覆蓋著雪這層毯子的話，必須在地面下過冬的動物們，可能就無法耐住酷寒而存活。」

蓋瑞還透露一個小故事：1993那年Michio沒訂到露絲冰河的山屋，只好將極光之旅地點改為費爾班克斯北邊的懷特山（White Mountains），但那山區必須用越野滑雪才能抵達。Michio求助於蓋瑞，蓋瑞便用當時馴養的十幾隻雪橇狗，幫忙載運十幾位日本小朋友的露營裝備和食物，在冰天雪地中走了整整十公里，才到達懷特山裡的小木屋。那是很累的一次旅行。蓋瑞還說小朋友用的是頂級的喜瑪拉雅山露營帳篷，食物也豐富，所以裝備又多又重。

蓋瑞沒吹牛。Michio書中曾提到第二年極光之旅，地點從露絲冰河移到費爾班克斯北方的懷特山，日本孩子們必須越野滑雪，只練習一天就得滑十公里到山中小屋，還蠻吃力的。Michio這麼寫道：

「不過看到他們回來時都已經相當熟練，讓我覺得很欣慰，很高興孩子們可以體會到越野滑雪的箇中樂趣……。

第一天晚上，大家筋疲力盡地回到山中小屋，美麗的極光正在夜空中舞動著。……我衷心希望孩子們能在心裡的一個角落記憶著那個晚上，那個地點，和大家一起看的極光，並把它當作人生的寶物。」

直到自己經歷過，才知Michio在世時，每年為日本小孩們舉辦極光之旅，那份勇氣著實令人感佩。沒水沒電的冰雪生活原本就刻苦，何況要帶上一群孩子？在那偏遠冰封世界，並無任何醫療或通訊設備。礙於山區地形，別說手機，連衛星電話也不定能接通。一旦有緊急狀況，小朋友感冒發燒或不慎跌落冰河裂隙，將無法及時求得外援，怎麼辦？

上 _ 費爾班克斯市每年三月都會舉辦狗橇大賽，是年度大事。
下 _ 蓋瑞以前曾參加雪橇賽也養過十幾隻狗，還曾幫星野道夫極光之旅的忙。

而且山屋睡不下那麼多人，他們須在雪地上紮營，僅利用山屋炊煮用餐和烤火取暖。阿拉斯加氣候又變化無常，處處充滿了挑戰，Michio須肩負十幾位小朋友雪地生活的安危。只要設身處地，問自己能不能、願不願擔負這麼重大的責任，就知那是件多不容易的事。

　　Michio曾說：「一樣是極光，在費爾班克斯觀賞到的，與在嚴峻的山中紮營觀賞的，是完全不同的體驗。」這就是為何他舉辦的極光之旅，總堅持選在遠離文明的「山中小屋」而非現代舒適的費爾班克斯。

　　「孩提時代看過的風景，會長留腦海之中。直至成人後面對人生分岔路時，給予我們鼓勵與勇氣的，可能不是誰曾說過的話，而是那曾見的風景。」

　　這樣的心思胸懷，不難看出Michio有一顆多麼溫柔敦厚的心。「化作鳥的眼睛才看得到的阿拉斯加原野。」那些曾被他帶領到山上觀賞極光，親眼目睹阿拉斯加原野之美而獲得人生至寶的日本小孩們，又是多麼幸運啊！

左 _ 蕾妮雅三歲時便跟我們一起去荷碼拍老鷹。
右 _ 蕾妮雅七歲時，喜歡蒐集羽扇豆（Lupine）的豆莢。

愛心早餐和冰雕世界

記得從道爾頓公路回城，我們去住蓋瑞家。翌日清晨，蓋瑞去上班，錫薇亞在廚房忙著，見蕾妮雅繞著我們團團轉，就問她：「妳願意做早餐招待客人麼？」蕾妮雅笑著點點頭，跑過來問我和文堯想吃什麼？我們當然客氣地說，什麼都好。

「我做的水果沙拉很好吃，想嚐嚐看麼？」她說。

「好哇，聽了就覺得很棒！」這不是客套，我真的很喜歡吃水果。於是蕾妮雅到廚房開始忙起來。錫薇亞問蕾妮雅需不需要幫忙？

「不用不用，我一個人做就行啦。」小公主爽快地說。

「好吧，那我到沙發上看報紙了，需要幫忙再告訴我喔。」錫薇亞顯然想藉機訓練女兒，整個放手讓她做。

我站著觀看，見蕾妮雅把材料一樣樣搬出來，確認我沒有哪樣不吃，便把香蕉切片，草莓切半，藍莓洗過，杏果切丁，這四樣顏色搭配已經很美了，接著她還切了甜棗、灑上核桃仁、蔓越莓、葡萄乾，端出一盤色彩繽紛又營養可口的水果沙拉。那真是我這輩子嚐過的最漂亮也最美味的愛心早餐了。

當時蕾妮雅才不過七歲。回想起來，在所有認識的老中朋友或家人親戚中，似乎不曾見過任何一對父母會試著讓七歲小孩幫客人做早餐的。都說老美從小訓練孩子獨立自主，這可堪稱為典範了。

不只早餐，七歲小公主會做的事可多了。有天早上她拿了一只小盒膏給我看。

「咦，這是什麼？」

「是我自己做的護唇膏！」她洋洋得意地說。

「哇，妳好厲害呀，從哪兒學來的？」我不禁驚嘆道。

「是從夏令營學來的。」

「我也想學做護唇膏。那妳要不要教我，要用哪些材料呢？」

　　蕾妮雅點頭說好，開始背誦成分，我趕忙拿紙筆記下：可可奶油、維他命E油、薄荷精、蠟油、蜂蜜、蘆薈油……（coco butter, vitamin E oil, mint abstract, wax, honey, aloe oil…）

　　「等一下，妳唸得太快了，請再說一遍好麼？」不得不從中打斷，她卻忘了怎麼接下去，然後很坦白說她要一口氣唸出所有材料（像背咒一樣）才記得全部，真是誠實得可愛。

　　其實蕾妮雅絕頂聰明。我曾和她一起在野花叢找羽扇豆（Lupine seed pods）。雖然羽扇豆的花、莖、葉、豆莢，整株植物都有毒，她還是喜歡。問為什麼？「因為花很漂亮啊！」她摘了滿手的羽扇豆放到口袋裡，說回家後想把這些豆子種在院子裡（邊說邊從地上抓起一把小沙石做撒種的動作），還說如果沒下雨就要澆水，種子才會發芽。

　　接著她認真地說：「也不是每顆種子都會發芽，所以如果你有較多的種子，就會得到較多的花。比方說，假如這種子生存率（growing percentage）是8％，如果我有一千顆種子而妳只有一百顆，那麼我將會得到80朵花而妳

左 _ 蕾妮雅所鍾愛的羽扇豆花兒特寫。
中 _ 聰明的蕾妮雅七歲就知用機率概念來種植羽扇豆。
右 _ 理論上，如果要得到較多的花，就要蒐集較多的種子。

只能得到8朵。這就是為何我會說，如果妳想得到多一點的花，最好多採一些種子。」

天啊，多聰明的小孩啊！記得以前小學三年級才開始背99乘法表，自己七歲時哪會想到什麼「百分比」？更絕的是，我問蕾妮雅是誰教她這些，她居然說是自己剛剛想出來的 "Percentage Theory"，讓人驚訝她的聰穎過人，也難怪她七歲就對油管有不凡的見解。

最近一次見到蕾妮雅，她已十一歲。除了在校表現優異，演講奪得名次，並常幫父母分擔家事照顧妹妹可蕾兒。最令人詫異的一樁，是她自願成為「只吃家禽和魚，不吃家畜」的半素食主義者。為什麼呢？

「因為比起雞和魚，我覺得牛羊這種大型動物的感受力和人類相近，被宰殺時會很痛苦，所以我決定不吃家畜了。」蕾妮雅若有所思地說。這十一歲小女孩，實在有太多地方值得學習了。

也因蕾妮雅課業活動繁多，換成八歲妹妹可蕾兒當「親善大使」，陪我們欣賞費爾班克斯每年冬天的重頭戲：北美犬橇冠軍競賽（North American Championship Sled Dog Races）和世界冰雕藝術冠軍賽（World Ice Art Championships）。前者自二次大戰後1946年舉辦至今，是半個多世紀以來的傳統狗橇比賽。後者自1990年開辦，二十幾年來從為期一週八組參賽的規模，演變為長達一個月多達七十幾組的世界大賽，1/3冰雕好手來自全球各地，從二月底至三月下旬，為漫長黑暗的冬季增添了迷人嫵媚色彩，也歡慶春天的到來。

可蕾兒個性比姊姊害羞得多，一看見巨大的「冰雕滑梯」卻立刻變得熱情活潑，拉著我們一起去溜滑梯。還好身上穿著雪褲，絲毫不覺得冰涼。幾十年沒溜過滑梯，能在這麼一座冰雕藝術「返老還童」開心叫喊、盡興溜滑，真是畢生難忘的無價體驗。

樹梢上的極光

　　極光在愛斯基摩人自古傳說中，據說是不祥預兆。有一說法，是他們相信從天而降的光芒將會帶走他們的小孩。另一說法，認為極光是鬼神引導死者靈魂上天堂的火炬。

　　以前的人不明白極光如何產生，從何而來，因而感到不安，認為那是不尋常的詭異現象。避之惟恐不及，哪稱得上美麗？和現代人對極光的印象，大相逕庭。

時至今日，「到阿拉斯加追求幸福的極光」已成為普遍廣告文宣，夢幻般的圖片更令人憧憬。旅行的終點，往往是費爾班克斯。此城大都會人口僅約九萬八千人，卻是阿拉斯加第二大城。自1902年發現金礦、二次大戰成為國防重鎮、至七〇年代跨州油管興建，今日已成為內陸經濟中心和交通樞紐。該州金礦更有多達32％分佈於該城方圓四十公里內，因而被譽為阿拉斯加「黃金心臟城」（Golden Heart City）。

但在我心目中，費爾班克斯卻更像一座「極光之城」。因位於北緯六十五度，就在北極圈附近，是阿拉斯加最容易看到極光的城市。我們在蓋瑞家前院，便曾拍到樹梢上的極光。

「我所居住的極北城鎮費爾班克斯，位於北緯六十五度，聽說是最容易看到極光的緯度。對這裡的人來說，極光一點也不稀奇，但每當那像生物般四處奔跑的冷冽光芒正在漫天飛舞的時候，我們還是會駐足凝望。它像一個偉大的存在，吸引著人們。」

左 _ 每年二月下旬至三月下旬，費爾班克斯會舉辦世界冰雕大賽展。
右 _ 八歲的可蕾兒坐上一匹冰雕的馬，相當開心。

Michio細膩的詮釋，於我心有戚戚焉。即使看過再多次，每次仍忍不住發出驚嘆，因為這奇幻美麗的光芒，總的來說，仍屬罕見。儘管極光每天都在南北極圈的夜空殷勤上演，卻不是每天都能看到，在北極只有九月到四月天色夠黑，才可能瞧見。除了天色，還受天候影響。據統計，在費爾班克斯若待上三天以上，看到極光的機率可達八成。

　　極光變化無窮，形體、光芒、顏色、強弱各異，絕無可能看到重複的舞曲。或許這就是為什麼，每當那冷冽光芒如從天而降的生命體，在繁星點點

在蓋瑞家的前院捕捉到樹梢上的極光。

的夜空飛舞時，即是極光之城的子民，都忍不住為那不可思議的光芒停下腳步，驚嘆造化的神奇。

極光的成因，簡單地說，是當太陽表面噴出的「太陽風」到達地球時，其中的高能量帶電粒子，會順著地磁吸引而往兩極方向移動，這些帶電粒子和大氣中氣體原子碰撞放電，就會發出瑰麗的極光。

因高層大氣中的氧原子含量較高，最常見的極光為綠白色，即氧原子被電離後發出的光色。偶爾能看到紫紅色極光，則是氮原子電離後的光色。

「人，其實總是在潛意識中，透過自己的內心瀏覽風景。極光的奇妙光芒所訴說的，或許就是每個極光凝望者心裡的風景。」Michio下了如此註腳。

那麼，每個極光凝望者，心裡的風景又是什麼呢？

對Michio而言，那是嚴冬中的一種美景，一個希望。因為費爾班克斯冬日是永夜，「在漫長的黑暗冬季裡，極光帶給人們心靈的安慰與溫暖」——那光芒所蘊含的一絲絲春意，給予人們度過嚴冬的力量。

而我，則願相信現代人所說的「看到極光，就能得到幸福」這句話是真的。

因為，北極夏季永晝，難以辨識極光。待天色夠暗時，往往已是秋霜露重、嚴冬冷峻、或春寒料峭之際。在戶外等待極光，每每得忍受零下冰凍的低溫。

願挨寒受凍，就表示有心。心誠則靈，應有美好代價，不是麼？

就像台灣的「夢想鬥士」陳彥博於2013年2月參加加拿大「育空特區700公里極地橫越賽」，在風雪中奮戰11天，成為第一位完成全球最冷極地賽的亞洲人，記得他曾這麼說：「我沒有辦法忘記最後一晚，……那時氣溫零下53度。突然天空出現極光，像是要指引我活下去，走下去……」

祝福我的好友們以及每一位曾因「苦苦堅持」而有幸目睹極光之美的人，被廣袤浩瀚的寰宇氣象所感動，與神祕深奧的宇宙能量相連結，開闊了視野，豁達了心胸，待人處世更圓熟智慧，讓今後人生如極光般絢麗，安遂幸福。

心中留下的足跡

　　去年聖誕節，收到好友芭芭拉（Barbara Souvey）寄來的禮物，一個樸素的4x6相框裡，白紙板上貼著一個銅製的、精緻的心，在心旁刻寫了這幾行英文字：

　　"Some people come into our lives and quickly go. Some stay for a while, leave footprints on our hearts, and we are never, ever the same." - Flavia Weedn

　　（有些人來到我們的生命中，很快就離開了。有些人佇留了一段時日，
　　在我們的心中留下了足跡，從此，我們便再也不一樣了。）

　　這麼簡單而特別的禮物，短短幾字勝過千言萬語，感動得一時無法自己。看著那顆心，我當然明白她的心意。其實她的友誼，對我而言又何嘗不是如此呢？

　　驀然回首，在生命旅程中，有多少人來來去去？在每個階段，不同的驛站，上車、下車，攜手同行或擦肩而過，能夠在我們心中留下足跡，對我們生命產生影響的人，不知凡幾。

　　書中這些人，走進我的生命中，就像與芭芭拉相識相知的過程，令人難忘，也在心裡留下深淺不一的印痕。不敢斷言，自己的人生旅程是否因而變得不一樣，心裡卻很清楚，他們開拓自己的生命視野，也改變了我所看到的人生風景。

　　因為這些難得的機遇與緣份，讓自己的人生得以更加豐富、精采。在所有

阿拉斯加的朋友中，最要感謝的是蓋瑞，如果沒有他的引領，我們大概無緣認識像珍這麼特別的朋友，也難以發現麝香牛和馴鹿的蹤跡，那麼深入地真切體認阿拉斯加的極地生活。當然也要謝謝蓋瑞太太錫薇亞，還有懂事的女兒蕾妮雅與可蕾兒的陪伴，看著她們從襁褓長大，在所有認識的小朋友中，只有她們不滿一歲就在雪地裡吃刨冰，從小無懼於零下的冰凍風寒。

　曾因阿拉斯加不期而遇的朋友，其實有好多位。除了書裡提到的，比較特別的是來自日本的大野成郎（Naruo Ohno）和來自瑞士的湯姆斯(Thomas Sbampato)，前者脊椎曾開過刀卻仍忍痛扛起攝影背包，後者曾學切·格瓦拉以摩托車旅行穿越南北美洲。自2003年認識至今，這十年來他們仍堅持在自然攝影這條辛苦的道路上踽踽獨行，也都為極北大地描繪出動人奪目的色彩，繼續實現人生夢想。此外還有在冰河灣划舟相識的瑞克（Rick Abbott)等四位英國紳士，因緣際會認識在安哥拉治創辦旅行社的婉庭（Charlene Russey），以及在卡特麥國家公園巧遇的CCTV央視記者沈忱和林東威老師。而在迪納利國家公園當交通車司機的韋恩（Wayne Iverson）來自科羅拉多州，更是深藏不露的作家。

　人生短暫，卻能在那麼遙遠偏僻的荒野中，與這些來自世界各地的朋友們相遇，這般千里一線牽的時空交會，是難得的緣份，更是不可思議的奇蹟。

　「得之於人者太多，出之於己者太少。」作家陳之藩說：「因為需要感謝的人太多了，就感謝天罷。」

但我仍想好好地說幾聲謝謝。這本書得以順利完成，要謝謝書中的朋友，也要謝謝主編的構想，讓自己嘗試用不同的角度，以當地人物為重心來描述阿拉斯加那些罕為人知的故事。此外還要謝謝共同作者外子文堯在生活上、工作上、精神上、心靈上的傾力支持。若沒他精湛用心的攝影以及相知相伴的「全方位合作」，書裡所描述的經歷都不可能發生。當然更要感謝父母、家人、和所有親朋好友們，長年以來的關愛與鼓勵。

半年多前，驚聞高中洪文治老師罹癌開刀，幸好化療至今身體安健無恙。藉此一角，我想獻上特別的感謝與祝福：謝謝洪老師將原本嚴肅枯燥的國文教得生趣盎然，聲如洪鐘餘音繞樑，讓年少的我們如沐春風，在那為賦新詞強說愁的青澀歲月，刻下了美好的印記，也為日後寫作之路紮實了根基。心誠則靈，衷心祈願恩師完全康復、福如東海、壽比南山。

在人生旅途中遇到特別精采的人，總會讓我想到夜空中罕見的極光——絢爛而短暫，卻是那麼令人驚豔，畢生難忘。

感謝上蒼，讓我有緣認識這麼多特別的朋友們……

在海角天涯，相遇；並在心中留下了獨特而美麗的足跡。

參考文獻

1. *The Eagle Lady*, by Cary Anderson, published by Eagle Eye Pictures, P. O. Box 241392, Anchorage, Alaska 99524 in 2003, reprinted in 2004. Website: www. caryanderson.com

2. 《湖濱散記》（ *"Walden" or "life in the Woods"* ），梭羅/著（Henry D. Thoreau, 1817~1862），孔繁雲/譯，台北志文出版社，1999年元月初版

3. "Walrus Islands State Game Sanctuary - Annual Management Reports" 〔海象群島州立保護區—年度管理報告〕記錄圓島海象的生態研究與田野調查，近年均由史黛芬妮負責撰寫，可參閱阿拉斯加漁獵局（Alaska Department of Fish and Game）官方網站：http://www.adfg.alaska.gov/index.cfm?adfg=walrusislands. resources

4. 《在漫長的旅途中》，星野道夫/著（Michio Hoshino，1952～1996），蔡昭儀/譯，台北先覺出版社，2006年7月初版

5. *Mountain Light – In Search of the Dynamic Landscape*, by Galen Rowell, a Yolla Bolly Press book, published by SIERRA CLUB BOOKS, 100 Bush Street, San Francisco, CA 94104, Second Edition 1995

6. *The Don Sheldon Story – Wager with the Wind*, by James Greiner, copyright 1974 by Rand McNally & Company. Revised Edition Copyright 1982 by James Greiner

7. 《半農半X的生活》， 見直紀/著，蘇楓雅/譯，台北天下文化出版社，2006年10月

相關資訊

1. 美國俄勒岡州布魯斯‧坎貝爾 (Bruce Campbell) 「飛機之家」網站：
   http://www.airplanehome.com/
   CNN報導：
   http://money.cnn.com/video/pf/2012/06/07/pf-uh-airplane-home.cnnmoney/
   CCTV-America央視報導：
   http://news.cntv.cn/world/20121223/103432.shtml
   http://news.cntv.cn/world/20121223/103440.shtml

2. 在托賈克村的葛萊蒂絲 (Gladys Coupchiak) 和兒子保羅 (Paul Markoff) 共同經營的
   漁船載客服務 (Togiak Outfitters)：http://www.visitbristolbay.org/togiakoutfitters/

3. 唐‧歇爾頓半個多世紀前成立的飛行服務公司，今日易名為「塔基特納空中計程
   車」(Talkeetna Air Taxi，簡稱TAT)，掌櫃安妮以客為尊：
   http://www.talkeetnaair.com/

4. 在費爾班克斯舉辦的「北美狗橇冠軍賽」（North American Championship Sled
   Dog Races）至今逾半世紀歷史，其相關資訊可參閱網址：
   http://www.sleddogcentral.com/nac_history.htm#Fairbanks

5. 費爾班克斯的「世界冰雕藝術冠軍賽」（World Ice Art Championships）自1990年
   開辦至今，其緣起及相關資訊可參閱網址：
   http://www.icealaska.com/about-us/history- a-benefits.html

6. 蓋瑞和錫薇亞齊心成立的「淨化費爾班克斯的空氣」（Clean Air Fairbanks）反空污
   http://cleanairfairbanks.wordpress.com/

7. 在Denali – Wonder Lake營地相識，並曾相偕至海恩斯拍攝白頭海鵰的日本自然攝影家大野成郎（Naruo Ohno）寫真館：
http://www.geocities.jp/naruoworld/alaskaphoto.html

8. 在Denali相識並一起尋找道爾山羊，曾騎摩托車貫穿南北美兩大洲的瑞士自然攝影家湯姆斯（Thomas Sbampato）：
http://www.sbampato.ch/en/about.html

9. 在安哥拉治的朋友Charlene自1994年開設旅行社 Charlene's Express Travel，旅遊服務網站：
http://www.charlenestravel.com/

10. 2012年9月我們在卡特麥國家公園布魯克斯營區，巧遇中央電視台CCTV-America央視記者沈忱與林東威老師，並欣然接受採訪。由沈忱剪輯而成的報導：「側耳傾聽那些關於棕熊的故事」央視網連結：
http://news.cntv.cn/world/20120921/106120.shtml

11. 在迪納利國家公園認識的露營交通車司機韋恩（Wayne Iverson）原來是深藏不露的作家，網站：www.wisehobo.com

Special Friends In Alaska
世間所有的相遇，
都是久別重逢啊！

2-year-old Linnea @ Homer

Wayne Iverson @ Denali

4-year-old Linnea

Naruo @ Denali

CCTV Shen Chen & Dongwei Lin @ Katmai

Rick @ Glacier Bay

Gary's Office @ Prudhoe Bay

Thomas @ Denali

Edward's Yard @ Gustovus

Naruo @ Haines

Stephanie & Heidi
@ Round Island

Dinner with the Eagle Lady

3-year-old Linnea
Eating Ice
@ Haines

Mandy, David
& Wendy
@ Glacier Bay

2-year-old Claire @ Homer

Susan @
Fairbanks

Gladys @ Togiak

@ Jean's Yard

@ Gary's Home

國家圖書館出版品預行編目

在海角天涯,相遇 / 林心雅, 李文堯文.攝影. -- 初版.
 -- 臺北市：大塊文化, 2013.04
　　面 ；　公分. --（Mark ; 96）
ISBN 978-986-213-430-6（平裝）

1.遊記 2.美國阿拉斯加

752.7809　　　　　　　　　　　102004626